创建村级财富积累机制探索与实践

王武德

中国铁道出版社
中国农业出版社
2012年·北京

内容简介

本书是作者30多年农村工作实践经验的结晶。全书共分8章，理论联系实际，从中国农村的基本经营制度、创建村级财富积累机制的构想，到村级财富积累机制建立、深化和发展三个阶段的基本做法、理论依据、主要经验和取得的成效，都进行了全方位的论述，具有很强的可操作性和指导意义。

本书可供从事农村工作的各级干部和研究人员学习参考。

图书在版编目(CIP)数据

创建村级财富积累机制探索与实践/王武德著. —北京：中国铁道出版社：中国农业出版社，2012.9

ISBN 978-7-113-15073-0

Ⅰ.①创… Ⅱ.①王… Ⅲ.①农村经济—研究—中国 Ⅳ.①F32

中国版本图书馆CIP数据核字(2012)第164102号

书　　名：创建村级财富积累机制探索与实践

作　　者：王武德

责任编辑：田京芬　刘明昌　张苍松

编辑助理：张少涵　孙钟一

封面设计：冯龙彬

责任校对：王　杰

责任印制：郭向伟

出版发行：中国铁道出版社 / 中国农业出版社（100054，北京市西城区右安门西街8号）

网　　址：http://www.tdpress.com

印　　刷：三河市华丰印刷厂

版　　次：2012年9月第1版　　2012年9月第1次印刷

开　　本：700 mm×1 000 mm　1/16　　印张：11.5　　字数：120千

书　　号：ISBN 978-7-113-15073-0

定　　价：35.00元

序

我与本书作者王武德相识于1994年。那年11月14日，新华社《国内动态清样》刊发了《承安镇实行农村财务双代管，堵塞农村财务漏洞》的文章。那时，广大农村财务管理混乱问题比较突出，新华社此时刊出承安镇创新农村财务管理的经验，无疑成为了一个热点，引起很大反响，新华社、内参选编、人民日报随后相继发了新闻通稿。为更深入地了解农村财务“双代管”的做法，这年12月，我把时任新乐市承安镇党委书记的王武德约到了北京。第一次见到这个30多岁的乡镇干部，就给我留下了深刻的印象，并由此开启了我们近20年的交往史。

1997年，农业部《农村工作通讯》刊载了一篇《承安镇农村工作见闻》的报道，再次引起了我对王武德的关注。这一年，新乐市承安镇西五楼村村民，敲着锣，打着鼓，兴高采烈地给镇里送牌匾，感谢镇里为他们办成了一件期盼了很多年的大事。这个村过去车进不去，绕来绕去出不了村，泥土路上百姓穿行十分困难，村民要求修路的呼声十分强烈。为此，镇里研究决定，派出驻村工作组，帮助群众一起规划建设村街道路，并在人力、物资上给予大力支持。经过近一年的努力，西五楼村“井字”路终于建成了，村民们喜悦之情溢于言表，于是出现了党员和村民代表为镇政府送匾的场面。这个镇的群众如此拥护镇干部，这在当时农民负担过重，干群矛盾比较突出的情况下，是难能可贵的。我决定到这个镇实地做些调查。

到新乐市承安镇，了解到这个镇没有上访告状的。镇干部到村里吃饭付费 5 元。外面来人实行乡里内招，不允许乡干部进饭店吃喝。这个镇干部自律做得很好，干群关系融洽。随着了解的深入，发现这个镇在农村管理的很多方面都有创新。他们在农村干部管理上，推行了任职考评使用制。在农村财务管理上，实行农村财务“双代管”制度。在集体资产管理上，实行集体资产有偿使用管理制度。在农村社会治安管理上，建立农村社区综合管理制度。在基层民主政治建设上，实行村务决策公开制度。在发展农业生产上，推行产前、产中、产后社会化服务制度。这些制度，基本涵盖了农村政治、经济、社会事业建设各个方面，操作简便，行之有效。当时，国务院副总理姜春云在河北省委常委、石家庄市委书记赵金铎总结承安镇经验的调查报告上批示："这个做法很好，很有参考价值。"实践证明，承安镇的这些经验，的确具有普遍的借鉴意义。这次承安镇之行，使我深受启示。从此，把这个镇作为我了解研究农村工作的联系点。

十年后，王武德担任了石家庄市委农工委常务书记，他凭着对农村工作的执着精神和不懈追求，从 2005 年开始创建农村财富积累机制。2006 年 7 月，我参加了石家庄市召开的研讨会，对他们的做法给予了充分肯定。当时，农村实行税费改革，"三提五统"费用大幅度减少，村级组织运转面临很大困难。石家庄市委市政府责成农工委探索建立村级财富积累机制。在长达 7 年的时间里，王武德率领工作组，深入到试点村，完成了从试点到推广，从建立到深化发展的创建村级财富积累机制全过程，成功走出了一条规范农村集体资产管理，发展壮大集体经济，增强村级服务功能的路子。这一机制的创立，破解了农村工作长期以来困扰我们的三个难点：一是如何不断增强集体服务功能，完善统分结合的双层经营体制；二是农村集体资产使用管理，如何真正做到公开、公正、公平，推进民主政治制度；三是村级组织如何做到有人管事、有钱办事、有章理事，增强凝聚力、号召力。这对农村经济社会的发展，具有现实而深远的意义。

在深化农村改革的征程中，王武德还会带给我们什么样的惊喜？我期待着与他再次相聚。

段应碧

（原中央政策研究室副主任）

2012 年 7 月

前言

我出生在农村，经历过军旅生涯，转业地方后，一直从事农村工作，对农村有着深刻的了解，也见证和参与了农村改革开放的实践。伴随着农村发展前进的脚步，我感受到了改革发展成就带来的喜悦，感受到中国农村发生的翻天覆地的变化，更体验到在农村发展中迫切需要解决的矛盾和问题。建立、深化和发展村级财富积累机制，正是基于对农村发展中的问题，进行的有益探索和实践。完善统分结合的双层经营体制、促进农村健康发展，经过多年努力，最终在石家庄市委、市政府的高度重视下付诸实施。

世界上任何事务都是在不断发展变化的。村级财富积累机制建设发展到今天，尽管取得了良好效果，但也仍然存在许多需要健全完善的地方。这些不足和问题许多是在发展中出现的新问题，要在发展中解决，在发展中不断深化完善。当前看，村级财富积累机制在发展中最需要重视和解决好三个问题：**一是规范运作问题。**在石家庄，村级财富积累机制已经普遍建立起来，村集体有了自己的经济组织和比较完善的运作章程，但实际运行中，由于民主管理制度在一些地方没有得到很好的落实，党支部的领导权、村民行使村级事务的决策权、村委会的执行权发挥不充分，影响了财富积累机制的规范运转。**二是条件较差地**

区机制建设问题。特别是一些贫困山区农村，集体收入、积累基本没有，如何发展集体经济，壮大集体实力，建立公共财政投入机制，是需要深入研究和探索的难题。**三是如何发挥双层经营体制优势问题。**现在，多数农村在发展财富积累机制后，集体经济具有了一定规模和实力，但与家庭经营结合不足，没能实现集体与个体的融合协调发展，双层经营的作用尚未得到充分发挥，亟需在今后发展中加以解决。

村级财富积累机制从试点、深化，到发展，直至专家认可，农业部领导肯定，并在河北全省推广，无不凝聚着各级领导和广大农村干部群众的心血和智慧。特别是本书在编写过程中，得到了中国扶贫基金会会长、中央财经领导小组办公室原副主任段应碧，中央政策研究室原副主任肖万钧等农村经济学专家的具体指导，以及我的同事唐全平、李文生、刘惠发、刘彦勇、李占考等的真诚帮助，参考了一些专家学者的著述，在此一并表示衷心的感谢！由于认知所限，书中论述不妥之处，敬请广大读者批评指正。

王武德

2012 年 7 月

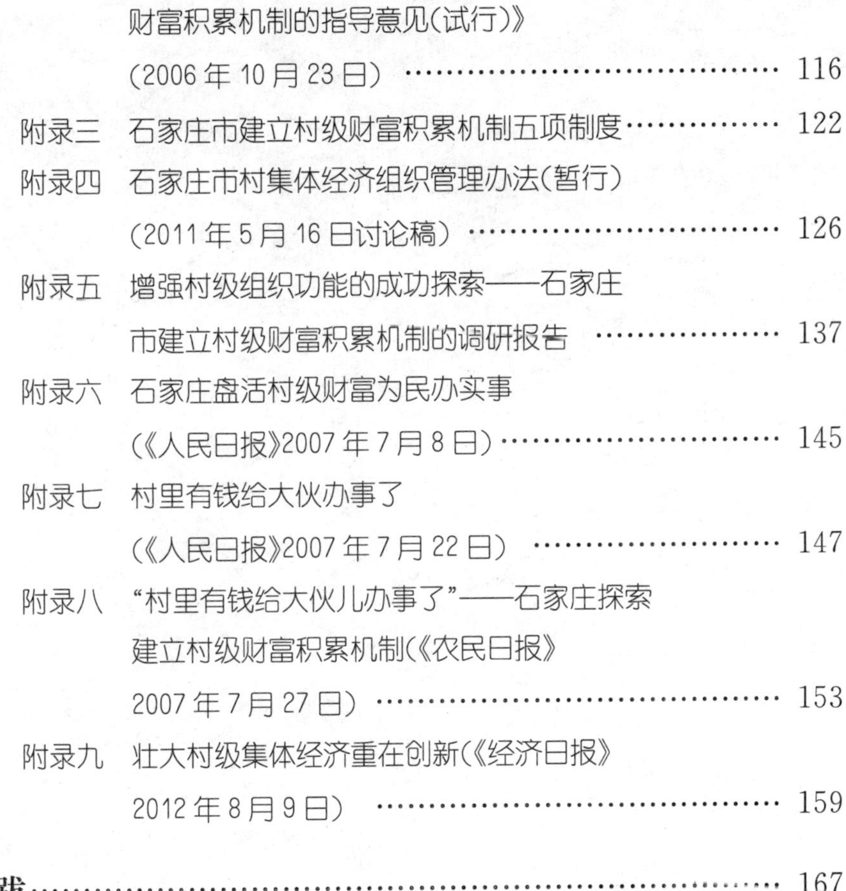

“实行税费改革、取消农业税后，村级组织运转及农村公益事业发展经费从哪里来?”是新形势下农村发展的一个新课题。

第一章　中国农村的基本经营制度

“实行税费改革、取消农业税后，村级组织运转及农村公益事业发展经费从哪里来?”这个课题，从现实看，是急需解决农村基层组织运转经费困难的问题；从深层次读解，则是涉及完善农村基本经营制度，重构集体统一经营，保障农村长期稳定发展的重大问题。

新中国成立以来，中国的农村基本经营制度，大体经历了农户个体经营(包括互助组、初级合作社和高级合作社)、人民公社集体经营和统分结合双层经营三个阶段。1958 年实行人民公社，大约经历了 9 年。1983 年 10 月，以中共中央、国务院发出《关于实行政社分开建立乡政府的通知》为标志，宣告人民公社时期的结束，历经 25 年。此后，以家庭承包经营责任制为基础、统分结合的双层经营制度在全国确立，并一直延续至今。

统分结合的双层经济体制，是中国共产党汲取了“人民公社”高度集中的集体经济制度经验教训，尊重广大农民群众意愿，遵循生产关系一定要适应生产力发展要求的规律，从中国国情出发设计的。这个制度，既有集体统一经营的社会主义性质，又有家庭承包经营的灵活性，是调动农民生产积极性，保障我国农村健康持久发展的制度选择。

然而，在许多地方统分结合的双层经济体制中的集体经济层面却没有得到充分的体现，“分”之有余、“统”之不足，农村集体经济发展受到一定影响。随着农村经济社会的快速发展，这种集体经济缺失而造成的后果越来越严重。突出表现在三个方面：**一是集体摊派增多，农民负担加重。**多数农村集体没有收入或收入很少，集体干事、花钱就需要向百姓收取，由此加重了农民负担。辛集市委农工委副书记张瑞广形象地说：“在搞‘三提五统’那些年，乡村干部每年三分之二的时间耗在了向农户要粮要钱上。那个时候，村集体没有钱，给村民们办事儿，只能伸手向农民要，所以，农民负担较重，干群关系紧张，党在农村的形象和威信也受到了损害。”**二是农村基层组织经费严重不足，运转困难。**主要靠“三提五统”或留取农业附加税或国家财政转移支付资金，远远不能解决农村公益性开支需要，甚至连基层组织日常运转都很困难。灵寿县南营村党支部副书记安和祥介绍了他们村的情况：“俺们村是灵寿县最西北部的一个山村，全村 280 户 1 020 口人，耕地 542 亩(1 亩＝666.67 平方米下同)、山场 17 000亩，但都是生态林不能砍伐，村集体没有一点儿经济收入。俺们村有一个卫生队，10 个人、两辆清运车，一年就需要三、四万元，再加上其他支出，村集体的日子太困难了”。2005 年农村税费改革后，村级收入锐减。据调查，石家庄市实行税费改革后，农村集体收入由村均 7.3 万元减至 0.32 万元，虽然通过转移支付村均补贴 2.5 万元，村级集体收入仍比改革前减少 60%以上，农村基层组织运转更加困难。**三是农村的执政基础受到了影响。**因为村集体没有或只有很少的收入，许多农村干部办事不得不自己垫资。在一些贫困村，干部外出参加会议也需要自己出资。致使一些地方出现了党员轮流当干部的现象，甚至个别村没人愿意当干部，直接影响到了基层政权的稳定和巩固。健全完善双层经营体制，补齐集体统一经营“短板”，已经到了非解决不可的地步。

事实上，村级集体经营弱、收入少，村级组织运转经费不足的问题已经存在了很多年，并越来越成为困扰各级党委政府的一个十分突出的问题。据石家庄市 2005 年对全市农村集体财务收支情况调查，一个中等规模的行政村，每年至少需要 10 万元～12 万元，才能维持正常运转。其中，村“两委”干部4～5人，每人年均误工补贴 5 000 元，约需 2 万元～2.5 万元；村“两委”办公经费支出每年需要 1 万多元；村街保洁、路灯照明、道路和供水设施维护等，每年需要 7 万元～9 万元。石家庄市先于全国自 2005 年开始取消农业税。取消农业税后，全市 4 351 个行政村，村集体收入由以前的村均 7.3 万元骤减到 2.8 万元。其中，年集体收入在 12 万元以上的村只有 403 个，仅占 10%，且主要集中在城郊，其余 90%以上的村都存在着基层组织运转经费困难的问题。上级政府的财政转移支付资金数量，远远不能维持农村基层组织的正常运转。实际上，村级组织运转经费不足问题一直存在。以前实行“三提五统”时，村集体收入比政府转移支付资金要多，农村基层组织经费尽管困难，但还能勉强维持，只是取消农业税后农村基层组织经费才显得严重不足。

“实行税费改革、取消农业税后，村级组织运转及农村公益事业发展经费从哪里来？”这一问题，正切中了农村双层经营体制中集体统一经营不足的要害，为研究和探索加快发展农村集体经济指明了方向。

第二章　创建村级财富积累机制的构想

农村集体统一经营不足问题，不只是在个别地方、少数农村存在，而是在全国大多数农村普遍存在。1991 年 11 月，中国共产党第十三届八中全会《关于进一步加强农业和农村工作的决定》指出："目前多数地方集体经营层次比较薄弱，要在稳定家庭承包经营的基础上，逐步充实集体统一经营的内容。一家一户办不了、办不好、办起来不合算的事，乡村集体经济组织要根据群众要求努力去办。""逐步壮大集体经济实力，增加集体可以统一支配的财力和物力，是完善双层经营，强化服务功能的物质基础，是增强集体凝聚力，促进共同富裕，巩固农村社会主义阵地的根本途径。"同时明确提出："农村改革，必须继续稳定以家庭联产承包为主的责任制，不断完善统分结合的双层经营体制，积极发展社会化服务体系，逐步壮大集体经济实力，引导农民走共同富裕的道路，切不可偏离这一深化农村改革的重点和总方向。"中国共产党第十五届三中全会《关于农业和农村工作若干重大问题的决定》也指出："农村集体经济组织要管理好集体资产，协调好利益关系，组织好生产服务和集体资源开发，壮大经济实力，特别要增强服务功能，解决一家一户难以解决的困难。"

由此看来，中共中央对农村双层经营中集体统一经营缺失问题早就给予了关注，只是因为具体政策措施未能及时跟进，地方政府也未给予足够重视，使得这个问题迟迟未能得到很好解决。

解决这一问题必须首先弄清：缺失的农村集体统一经营还有没有恢复的可能？用什么办法去恢复？

第一节 探寻集体统一经营的根基

在新形势下，如何强化农村集体统一经营，壮大农村集体经济，促进农村经济社会健康快速发展，许多专家学者提出了不少建议和对策。

涂胜华在《多途径发展壮大农村集体经济》（中国农经信息网，2006 年 12 月 24 日）一文中提出："必须将集体经济的发展融入整个市场经济体系中，探索集体经济的多种实现形式，坚持因地制宜，走多元化、多空间、多层次、多门类、多途径发展的路子。"同时，他还列举出了多种发展模式，如资源开发型、产业龙头型、产权经营型、调整发展型、工矿企业主导型、"三产"服务型、综合经营型等等。

李松在《农村集体经济积累的现状和出路》（贵州希望网，2008 年 12 月 5 日）一文中认为："今后的一个新时期，发展村级集体经济应按照'因地制宜，分类指导，主攻难点，集体推进'的方针，紧紧抓住推进社会主义新农村建设这一主要契机，正确地理清村级集体经济发展的思路，制定切实可行的发展规划，明确长远的目标和近期的发展项目，充分利用地区发展优势、资源优势、气候优势，地理优势，加大招商引资的力度，大力发展非公经济,完善各种工作制度和承包关系,达到不断发展壮大村级集体经济的目的。”

刘国臻与陈红在《农村双层经营体制运行中存在的问题与对策》(论文网,http://www.lw23.com/paper_50598121)一文中指出:发展壮大农村集体经济要“拓宽管道,因村制宜、因地制宜、宜农则农、宜工则工、宜商则商,不能一刀切。具体可采取以下措施:一是从服务入手,培育集体经济新的增长点;二是以市场为导向,大力发展乡镇企业;三是发挥资源优势,依靠劳动积累,搞农业综合开发。”

这些建议和对策在理论上是可行的,但在实践中未必都能行得通。要实施这些建议和对策,必须有一个前提,那就是农村集体必须具有一定的经济实力,这恰是现在多数中国农村所不具备的。由于受重“分”轻“统”思想的影响,全国大多数农村集体统一经营已经严重缺失,集体经济几乎成了“空壳”。要重新构建集体统一经营、发展壮大集体经济必须另辟新径。

发展集体统一经营不是一蹴而就可以实现的,要经营就必须有经营的对象。那么,农村集体究竟还有没有可经营的东西呢?

“能搬走的、挪动的都卖了;要说村集体还有财产,那就剩下搬不走、挪不动、国家政策不允许变卖的土地了。”——灵寿县南朱乐村党支部书记李年发谈到了当时农村集体的资财状况

“分地时,大队有130亩果园、8间办公室和10亩地的大院,还有链轨推土机、55马力大拖拉机各两台。当时,这些财产倒是没有分,也没有卖。不过,俺村是个乱村,从1990年到

2000 年 10 年间换了 5 任支书。那时候实行‘三提五统’，从老百姓手里要钱要不上来，村集体没钱，不论谁当选，唯一的法儿就是变卖村里的资产。集体的果园承包了出去，一年 1 万元，承包期一定 20 年。一次交清的 20 万元，两三年就花光了。1992 年处理了两台推土机，卖了 7 900 元；1993 年，变卖了两台大拖拉机，只卖了 8 000 元；1994 年，没有现成的东西可卖了，当任村干部就把原有的 8 间办公室卖了 4 间，把 10 亩大的村委会大院中的七亩半放给了 30 户做宅基地，一处宅基地 2 000 元。到 2000 年之后，村集体再也没东西可卖了，可该花钱的地方还得要开支，没办法，只好借外债。2008 年，村集体大概欠外债 50 万元。要说现在村集体还有什么值钱的东西，除了搬不动、挪不走、国家不允许变卖的土地外，啥也没有了。”

分田到户后，因村集体经济收入减少，农村集体的日子不好过，只能变卖村集体的资产。几年下来，凡能搬得走、挪得动的都逐渐卖光了。不过，有些资源、资产搬不走、挪不动，不好变成现钱，如土地、山场、林地、荒滩、荒山、水面、旧厂地、闲散地等，这些资源就留存了下来。目前，这些资源、资产有的闲置，有的承包租赁出去了，但没有实现应收尽收。这些留存下来的资源就成为恢复农村集体统一经营的宝贵本钱。

“村里的财产管理不规范，集体应该收的收不到位，甚至一点也收不上来。”——与辛集市豆家庄村支书冯敬坤一席谈

“我是 1987 年接任村党支部书记的。接任时，村财务账面上只有一元四角钱，外欠款却达 11 万元。俺村集体有 96 亩梨

园,150 亩幼苹果园。前任对果园承包是瞒着村民私下搞的,96 亩梨园以每年 2 500 元承包了出去,每年每亩才合 26 元承包费,既没有签订承包合同,也没限定承包年限;150 亩幼苹果园承包期 15 年,总承包费为 3 万元,每年每亩的承包费才 13 元。

你细算算账:每斤梨的销售价按 5 角计算,一亩梨园就按年产 6 000 斤梨果说,亩毛收入可达 3 万元;苹果园是新果园,前几年树小、结果少,管理也要投入,过上四五年,收入就不止十几块钱了,等于把果园白送给了承包户。还有村集体的砖窑,经营了 5 年没上交过村集体一分钱,还欠债 3.9 万元。你说村民们对这些村干部能没意见?”

由于管理不规范,对村级组织处理集体资产的行为缺乏有效监督和约束,导致集体资产使用不公、流失严重,损害集体利益的事情时有发生,这是造成农村集体统一经营薄弱的一个主要原因。

第二节　设计创建村级财富积累机制

现有农村集体资源、资产、资金如何进行有效管理,使农村集体“三资”不再流失,并能保值增值,亟须创新管理办法和措施,建立长效机制。

农村集体的资产、资源、资金,因为长期缺乏有效监管而大量流失,目前留存下来的已经非常有限了。如果不尽快采取有效措施,村集体仅存的家底将会流失殆尽,再想集体统一经营将是不可能的。

健全集体统一经营的指导思想，就是从规范农村集体资产、资源、资金管理入手，盘活闲置资产、资源，合理定价，竞标承包，规范管理，最大限度地实现农村集体资产、资源的保值增值，并合理运营，最终达到发展壮大集体经济，完善农村基本经营制度的目的。

新机制必须解决农村集体“三资”由谁经营管理，怎样经营管理，由谁来监督的问题。

经反复研究、论证，新机制的名称最终确定为“村级集体财富积累机制”。村级集体财富积累机制就是以规范村级集体“三资”管理为切入点，以保障农民权益为前提，以发展集体经济为核心，以保障基层正常运转、发展公用事业为目标的新型农村集体经济运营机制和体制。

之所以这样命名，主要考虑这一机制是以农村集体“三资”为对象，以管理、经营和监督为手段，以健全农村集体统一经营为主旨。

一是“农村集体资产”有广义狭义之分，容易混淆。广义的集体资产包括农村集体资源、资产、资金。而狭义的集体资产仅指集体所有的各种流动资产、长期投资、固定资产、无形资产和其他资产。

二是“集体财富”涵盖面广。它不仅包括所有的农村集体资产，还包含集体经营活动，内容更丰富。

三是“农村集体”所包含的对象已发生变化。在人们的传统观念上，提到“农村集体”，一般是指人民公社、生产大队和生产队三级，那时的集体财富按照“交够国家的，留足集体的，剩余才是社员的”方式分配，所谓集体就是队为基础，三级所有。目前，能够代表全体村民利益的组织只有村级集体经济组织，它的集体财富为全体村民共有。因此，把研究对象限定在“村级经济组织建设”这一层次上，更为准确恰当。

在此之前，国家对农村集体资产、资源、资金的管理和使用已经制定出了一些法规和制度，但是随着改革开放的不断深入，中国农村经济形势发生了许多重大变化，这就要求我们根据已经变化了新形势，以新的理念去看问题，用新的方法去解决问题。

那么，至20世纪90年代中后期较改革开放初期，中国农村形势发生了哪些重大变化？一方面，市场经济在中国已经逐步确立并迅速发展，市场机制已经渗透到了经济社会的各个领域，市场观念已经深深植根于人们思想意识中。在这种情况下，应摈弃以往以行政权力大小来决定对农村集体“三资”的占有和利益分配的既不合理又不合法的行为，按照市场公平交易的原则，实行“谁所有谁获益、谁使用谁交费”，才能更好地保障广大农民的利益。另一方面，随着以家庭承包经营为基础，统分结合双层经营体制的实行，农民对行政权力的依附已大大减弱，有了较大的自主经营权。同时，随着经济社会的发展，人们的民主意识、法律意识普遍提高，参与集体经济管理的愿望不断增强。因此，创建村级集体财富积累机制必须体现按市场经济规律办事和按民主意愿办事这两大原则。

建立村级集体财富积累机制，应当把握好两个重点：一是完善合同，将农村集体“三资”管理纳入法制轨道。承包和租赁，是目前农村集体“三资”最主要的经营行为，在市场经济条件下，合同是规范集体“三资”经营行为的强有力的法律保障。承包、租赁合同的合法签订和及时完全兑现，是确保集体财富积累机制规范运行的关键。二是实行民主监管。以前农村集体“三资”之所以流失、丧失，就是因为缺乏有效的监管。顺应广大农民的民主意愿，真正做到农村集体的事情由村民做主，这是村级集体财富积累机制健康运行的重要保证。

第三节 村级财富积累机制的实质内容

明确了建立村级集体财富积累机制的指导思想、基本原则和关键环节之后，新机制的建立，需要做好以下四个方面的工作。

一、建立机构，保证有人干事

新的机制要靠人去实施，需要成立一个村民公认的工作机构，它不同于村党支部和村委会，并具有相对的独立性。在这一新机构中，村党支部书记可以任组长，吸收村“两委”成员、理财小组人员和部分村民代表参加。机构名称可称之为集体“三资”管理领导小组，实行成员联席会议制度，全面负责集体财富积累机制的具体谋划和组织实施。领导小组可以下设“三资”管理组和财务审查组，分别由集体“三资”管理领导小组内的一名“两委”干部牵头，由若干名理财小组人员和村民代表组成。

“三资”管理组负责本村集体“三资”的核实、登记和台账管理，提出有偿使用方案，做好发包、租赁以及合同建档管理工作，收集群众对“三资”管理的意见，发挥集体“三资”管理领导小组的参谋作用；财务审查组负责对财务收支预算的审查和执行情况及财务公开情况的监督，协助上级有关部门搞好集体财务审计，并收集群众对财务管理的意见，发挥对集体“三资”的监管作用。

二、清产核资，理清集体家底

村集体所有的资源、资产、资金必须底数清楚，这是创建村级集体财富积累机制的基础性工作。村集体“三资”管理领导小组必须组织得力人员对集体“三资”进行核查，对集体所有的土地、闲散地、林地、山场、滩涂、水面等，以及集体所有的房屋、厂房、沿街门脸、机具、农业基础设施、公用公益设施等，都要逐项分门别类地登记，包括名称、坐落四至、面积或数量、新旧程度、使用用途、市场价值等。不清楚或有争议的，要查找历史凭证，或通过走访知情人取得证据，了解清楚变更过程。属于集体的，要一项不漏地登记在集体名下，确保集体资源、资产不遗漏、不流失。村集体的财务收支状况，包括村集体的资源、资产的承包、租赁费收缴情况，上级补助资金、社会捐赠款、债权和债务等，也要一一核实清楚。清查核实清楚后，要建立台账，并向全体村民公开、公示，接受村民监督。

三、管好“家底” 实现保值增值

村集体尚存的资源、资产和现有的资金是非常宝贵的，是创建村级财富积累机制的根基。管好、用好，并创造出更多的财富，是成功建立村级财富积累机制的关键。因此，必须要集中力量、下大力气做好。

村集体的不动产要制订好承包、租赁方案。在摸清村集体资产、资源的基础上，能进行承包、租赁的资产、资源要制订公平、合理的承包租赁方案。方案的内容应当包括资源、资产的名称、数量、用途、承包租赁期限、价格及其双方的权利和义务，是以协商的方式还是采用招投标的方式进行承包、租赁等。方案必须经过村民大会或村民代表大会讨论通过。以公开协商方式承包、租赁的，承包费、租赁金由双方议定；以招标投标方式承包、租赁的，应当通过公开竞标、竞价确定承包费或租赁金。不论承包还是租赁、协商还是竞标，最终都必须签订正式经济合同，明确双方的权利和义务、承包费或租赁金的缴纳方式、违约责任等，并向全体村民公开。所有经济合同及有关资料应当及时归档，专人专柜保管，并报乡（镇）农村经营管理站备案。

村集体“三资”管理领导小组要加强对合同履行情况的监督，定期对集体资源、资产的使用、维护情况进行检查，确保集体资财的安全和保值增值。承包费、租赁金收取情况，要定期向全体村民公开。对不按承包合同规定使用集体资源、资产或无正当理由不及时交纳承包费、租赁金的，要及时依法中止合同，另行发包招租。

对过去无偿占用村集体资源、资产或挪用、挥霍集体财产的行为，要坚决予以纠正，情节严重的要依法追究法律责任。对于尚未到期但明显不合理的合同，经村集体“三资”管理领导小组研究，中止合同另行发包，当事人不服的可通过法律手段解决。

四、民主监管 确保良性运转

过去集体资财之所以遭受损失，是由于制度不健全，监管不到位，造成集体资财“虽然人人都有份，却人人管不了”。创建村集财富积累机制，必须强化集体资财的民主监管。

村集体“三资”的处置，要由村集体“三资”管理领导小组集体研究，不能由少数人说了算。村集体资源、资产经营权变更、大项开支等重大事项，都必须由村民大会或村民代表会讨论决定。村务公开监督小组和民主理财小组应当对集体“三资”管理使用、维护实施日常监督，并适时提出整改意见。村集体“三资”管理领导小组应当定期向村民大会或村民代表会报告村集体“三资”运营情况，并接受全体村民的监督。

建立村级集体财富积累机制，就是要搞好资产经营、资源开发、资本运作和产业服务。资产经营是指挖掘潜力，盘活现有集体资产，最大限度地发挥效益；资源开发是指充分利用好山场、林地、矿产等一切可以利用的资源，因地制宜选择适合自己发展的项目，尽快把资源优势转化为经济优势；资本运作是指运用市场法则，利用现有资本进行投资、入股、融资等，实现价值增值、效益增长；产业服务是指通过利益机制把农民组织起来，统一进行技术指导、收购、销售等，为农户提供农业生产服务。

第三章　建立村级财富积累机制的实践

农村发展的新形势，促使我们加快了建立村级集体财富积累机制的探索和实践。我们采取了先试点、后推广的方式，用了两年左右时间，在全市农村普遍建立起了村级集体财富积累机制，并使之逐步完善。专家、学者对在农村建立这样一种机制给予了充分肯定，认为这是农村的一项制度创新。

第一节　东安丰村——第一块试验田

2005 年 6 月底，在石家庄市委、市政府的统一部署下，我们开始了建立村级财富积累机制的试点工作。试点村选定在正定县西平乐乡东安丰村。

东安丰村是一个有 653 户人家 2 655 口人的中等平原村，在石家庄农村中具有较强的代表性。承包到户后，村集体还有 149 亩机动地、58 亩果园、111 亩闲散地。机动地和果园被低价承包出去，闲散地被养鸡、养猪和搞特种养殖的农户以及民营小型企业无偿占用。村集体的 318 亩土地共被 125 户村民无偿或低价占用，每年村集体只能收上承包费 3.5 万元，亩均 110 元。除上级每年下拨的转移支付资金 3 万元外，村集体年收入 3.5 万元，维持村级组织运转比较困难。

“说实在的，承包果园、机动地价格都便宜，如果与村干部没有关系的是承包不上的。不到全村 20%的人占着村集体的便宜却没人管，其余 80%的人眼睁睁地看着却没办法。”村民边庆山说。边振山是村里的养貂大户，占用着村集体 2.9 亩闲散地，他办了一个养殖场，从 1996 年到 2005 年 7 月一直没交过承包费。因为村干部对村集体资产处置不公，前几年曾导致村民两年不缴农业税并多次上访。

为做好试点工作，我们首先在村内召集村干部、老党员、村民代表等，开了一系列座谈会，进行了广泛深入的调查研究，摸底数，查实情，统一认识。根据群众意见建议，第一步采取的就是组织村干部彻底清查村集体的家底。土地一户一户丈量，仅丈量农户占用集体闲散土地就搞了 10 多天。每次丈量，村干部、村民代表、占地户都到场，长多少、宽多少、面积多大，甚至是谁家，查得清清楚楚，占地户当场签字按手印。这些地谁家占多少，试点工作小组帮助村建起的村集体“三资”台账都记录在案，过去登记少而实际亩数多的，这次都纠正了过来。

摸清底数后，第二步就是重新合理定价发包。果园、机动地收益高，村民都争着想承包，适宜用竞价承包的方式招标承租，谁出的价高就包给谁；闲散地有空闲，用的人少，适宜采用租赁的方式，确定租赁费标准，谁占用谁按标准交租赁费。承包方案和租赁费标准，都是由村民代表大会表决确定。当时定的标准是：养殖占机动地每年每亩交租赁费380元，工商企业占地每年每亩交租赁费600元，自来水设备维护费每人每年交12元。机动地以每年每亩100元、果园以每年每亩380元起价，实行竞价承包。

“这次承包租赁公开、公正、透明，谁也藏不住掖不住。谁家使用了多少村集体财产，该交多少钱，全都在村委会门口贴出的大红纸上写着。村集体不但与每个承包户都签了正式合同，还请乡农经站对合同进行了鉴证，最后给每户下发了一张限期缴费通知单。大家已经公认的事你想不交都不行；如果不交，按《合同法》依法执行。”提起村里这次建立集体财富积累机制，村民边梅山称赞这法儿好。

经过两个月的紧张工作，东安丰村建立村级集体财富积累机制试点工作基本完成，成效很明显。全村共收缴集体资源、资产有偿使用费11.7万元，集体收入比以前增加了8.2万元。

第二节　试点工作基本经验

东安丰村试点工作，主要采取了六个步骤：

第一步，成立专门工作组。建立集体财富积累机制村里必须要有专门的工作组。为此，村里成立了集体“三资”管理小组，组长、副组长分别由村“两委”班子干部兼任，成员由党员代表和村民代表组成，具体负责村内建立财富积累机制工作的组织实施。

第二步，广泛进行宣传动员。召开党员会、村民代表会，宣讲建立村级财富积累机制的重要意义和作用，并通过广播、墙报、公开栏等各种形式，多渠道进行宣传，统一干部群众的思想认识，做到了家喻户晓，充分调动了他们参与建立新机制的积极性。

第三步，建立集体资产台账。由党员代表、村民代表、村会计组成盘点核定和评估小组，对村级集体资产逐项进行盘点、核定和评估，结果经党员会和村民代表会审查通过后向群众张榜公布，并同时建立村级集体资产台账，存档保存。

第四步，确定有偿使用方案。在核定、评估集体资产的基础上，由村民会议或村民代表会议，讨论确定集体资产有偿使用范围和标准，承包、租赁期限等。

第五步，竞价承包村级集体资产。集体资产经营、承包、租赁时，凡能竞价的都实行招标投标；协商承包、租赁的，必须有党员和村民代表参加，并向全体村民公示。同时签订具有法律效力的合同，明确双方的权利、义务、违约责任等，向全体村民公开。经济合同及有关资料归档，报乡（镇）农村经营管理站备案。

第六步，健全完善制度。根据试点村情况，为村集体制定完善了《村级集体资产使用决策制度》、《村级集体资产有偿使用收费公示制度》、《村级集体资产承包租赁合同管理制度》、《村级集体资产民主管理制度》、《村级财务预算和执行情况报告制度》等五项制度，按照规定程序严格监督执行。

东安丰村的经验，提供了有益的启示：

第一，建立机制首先要做到底数清楚。村集体还有哪些资源、资产，资金有多少，现在由谁使用，村集体收益应该有多少，底数都要清清楚楚，情况要真实，详细准确。在底数清楚、情况真实的基础上登记造册、建档留存。这是一项重要的基础性工作。

第二,有偿使用方案要切实可行。村集体的这些资源、资产,哪些由村集体经营管理,哪些可对农户承包、租赁,用什么模式进行管理,是协商承包还是竞价承包,标底多少,期限多长,费用何时缴纳,违约怎么办,都要在方案中表述清楚。这是建立机制的关键。

第三,方案实施务必到位。有了资源、资产有偿使用方案,还要认真组织实施。由村集体经营的,要选好经营管理责任人,明确相关责任和经营目标,确定决策机制、管理机制和收益分配机制。对外承包、租赁经营的,要明确专人负责使用费的收取,确保合同的执行。这是建立机制的核心。

第四,资金管理制度必须完善。集体资金的管理、使用,要按照上级关于村级财务制度的要求,严格财务收入管理制度,做到应收尽收;集体资金日常支出,要严格按规定程序审批;涉及集体发展重大项目必须严格履行民主程序,避免盲目投资,确保集体资产保值增值。这是机制健康运行的保障。

第三节 扩大试点

建立村级财富积累机制,东安丰村取得了成功经验,因此我们决定在其他村扩大试点。

2005年8月,我们将东安丰村所在的西平乐乡10个村都纳入到试点范围,4个月后见到了成效,全乡规范完善合同700余份,村级集体资源、资产有偿使用收入达到97.4万元,比

2004年增加52.7万元。

2005年10月，我们又将试点范围进一步扩大到正定全县，并在其他17个农村县(市)区各抓了两个村开展试点工作。至2006年9月，正定县173个村建立起了村级集体财富积累机制，规范完善合同3 800多份，涉及合同金额2 540万元；抵顶村集体历史陈欠591万元，清收债权400万元；共收取集体资源、资产有偿使用费4 621.58万元，村均26.7万元，比建立财富积累机制前增加1 328万元，村均年新增收入7.6万元。同时还化解了因集体资源、资产使用不合理造成的诸多矛盾，得到广大农村党员干部、群众的支持和拥护。

扩大试点中我们把握了三个原则：

一是因地制宜，分类指导。由于村与村之间集体经济状况不同，建立村级财富积累机制不能“一刀切”实行同一种模式，必须因地制宜，分类指导。对于集体收入较高的城镇村、城郊村实行村级资产股份合作制；对于有一定经济收入但不能满足村级组织运转经费需要的村，走“盘活村级集体资产，建立村级财富积累机制”的路子；对没有集体经济收入的村，积极创造条件发展集体经济、增加集体收入，在没有收入之前主要由财政转移支付资金来维持村级组织运转。

二是规范资金用向。财富积累的收益属于全体村民共有，为了发挥有限集体资金的作用，必须严格规范收益用向，不能用于村干部工资、补贴和招待开支，只能用于村内公益事业、基础设施建设和扩大再生产。

三是妥善处理历史遗留问题。对合同不规范、承包租赁未到期、合同内容不公平等问题，本着尊重历史、面对现实，只对事不对人的原则，有问题的以纠正为主，不作深细追究，防止把历史问题复杂化，以促进农村社会稳定和问题有序解决。

第四节 新机制全面建立

2006 年 10 月，石家庄市委、市政府认真总结了试点村建立村级财富积累机制的经验和做法，决定全市全面推广。

建立村级集体财富积累机制，不可避免地触及一些人的既得利益，会遇到种种困难和多方面的阻力。但实践证明，这是一件顺民心、得民意的事儿，广大农村干部和群众是积极拥护和支持的。只要紧紧依靠群众，依靠农村中正直、有事业心的干部，就能建立起这一新机制。在建立这一新机制的过程中，涌现出了一批不徇私情、公平公正、一心带领村民走致富道路的农村干部。鹿泉市牛山村党支部书记谢小琴和赞皇县石路村党支部书记武焕振就是其中的典型代表。

“乡里乡亲的，抬头不见低头见，无冤无仇；就是这拖欠村集体钱的事儿，究竟该缴不该缴，就得找个地方评个理儿。”——鹿泉市牛山村“两委”班子为清理拖欠款，曾将四五十户村民告上法庭

牛山村是鹿泉市西北部太行山脚下的一个山村，全村 1 010 户 3 440 口人，耕地 3 200 亩，山场 4 000 亩。虽是个山村，但这个村集体拥有的资源、资产却不少。开发出来的山场上有栽植着杏梅、红果、大枣等果树的经济沟，苹果园也有两三个，都被村民承包了出去；过去村集体办的水泥厂旧址、沿石阎公路闲散地、村中心沿街的空闲地也都被农户租赁从事工商业经营，村民

搞养殖和兴办工业摊点也租占了村集体一些建设用地。

在建立村级集体财富积累机制之前，村集体经济管理松懈，致使集体收入不能应收尽收。因集体资源、资产承包租赁不规范，有的甚至只是村民与个别村干部的口头协议，拖欠村集体承包费、租赁费的现象较普遍。在实行缴纳“三提五统”和农业税时，有些户拖欠应缴税费，甚至拖欠水费、电费，成了一堆历史旧账。起初，一些户如数缴了，个别户以种种理由拖欠不缴。久而久之，大家都不缴了。承包户、租赁户白白使用着村集体的资源、资产，多数村民有意见。因此，村里乱糟糟，村班子说话没人听，村里什么事也干不成。

建立财富积累机制，首先就是要清理农户对村集体的拖欠。就大多数拖欠户来说，只是看着“钉子户”不缴没事，自己也不缴，当看到村班子真要下决心清理时，多数还是缴清了。但也有少数拖欠户就是不缴且态度蛮横：“经历了几任村班子，都没有收过承包费，俺就是不缴，爱咋办就咋办。”为此，村里请老党员、威信高的村民代表上门做思想工作，找拖欠户的亲戚、朋友、长辈上门做说服工作，一些户缴了。对剩余未缴的户，确有客观情况的，经过民主程序该减的减，该免的免，该缴的一次交清。

村集体的经济沟和果园划片承包给了多户村民。原先签订的合同未走民主程序，也没有公开，没有规定承包费的增长系数，随着果树逐渐进入盛果期，原合同明显不合理，村民反映强烈。经党员会议和村民代表会议研究决定，制定一个合理的增长系数。承包户不接受，甚至连原合同定的低价承包费也不缴纳了。村集体又商定，给承包户合理补偿，废止原承包合同，重新招标发包，承包户也不同意。无奈，村集体只能走法律程序。

经过法院判决，修改了原不合理的承包合同，添加了有关增长系数的条款。仅为经济沟、果园承包费拖欠和修改原定不合理合同，村集体先后与 6 户承包户走上法庭。理在村集体一边，村集体都赢了官司，共收回承包费 30 多万元。

现在的牛山村，每年经济沟、果园承包，沿路沿街闲散地租赁给户建经营门店，养殖、建小摊点和企业租赁建设用地，村集体收入达 206 万元，使这个村成为当地的富裕村。

"豁出命来也要建立起集体财富积累机制，带领乡亲们致富。"——赞皇县石路村党支部书记武焕振顶住压力，不怕打击报复，建立集体财富积累机制，收回了集体矿山开采权

石路村是一个小山村，894 口人，596 亩耕地，山场面积12 000 亩，自然条件恶劣，是一个贫困村。村集体除了小学校外再没有其他资产了，村里连订报纸、买笔墨的钱都没有，村干部已经多年不发误工津贴了，村办小学的电费、冬季取暖费打了一大堆白条。

石路村的山场上有铁矿，但储量不大。2003 年眼见铁矿石价格飞涨，每吨从几十元涨到了 120 元，开采铁矿的暴利引来了社会上各种各样的人，他们与承包户私订协议，在本村 3 公里长有铁矿的脉带上竟开挖出了 26 个矿井洞。

私挖乱采，一方面给村里的生态环境造成了严重危害，矿渣乱倒占压耕地，废水横流，另一方面造成地下水水位下降，村里原有的一点儿水浇地都成了旱地，村民吃水也成了问题。多数村民坚决要求收回矿点。于是，武焕振以石路村村委会的名义将出具开采证的河北省国土资源厅告上了法庭，打赢了官司。随着国家矿山整顿的深入，私挖乱采现象终于杜绝了。

2006年有人到省委组织部告状，诬陷武焕振贪污了村里退耕还林款10多万元，把县扶贫办给村的200多头猪拉到元氏卖了16万元中饱私囊，等等。8月的一天，武焕振坐车从县城行至胡家庵村，路上4个手持镐柄的歹徒截住了他，意欲行凶。当年村党支部换届选举时，一些丧失利益者挨家挨户串联煽动村民，诬陷武焕振，还组织80多人到县委上访状告武焕振，组织30人到石家庄上访，甚至进行人身伤害。选举时，矿主联合出资5.7万元行贿，多的8 000元，少的3 000元，阻止武焕振当选书记。但邪不压正，多数党员还是支持武焕振当选了村支书。

当选后，他全力推进财富积累机制建设，将村集体的铁矿资源对外公开招标承包，最终鸿联矿山有限责任公司以每年100万元的承包费中标，承包期限10年。村集体终于有钱了，不但还清了旧债，而且发展了山场林果经济，成立了果品经销有限公司和獭兔养殖公司，为村民提供技术、物料供应和产品销售服务，并购置大型载重汽车，成立了汽车运输公司从事煤炭运输。村里为村民集体入了新型农村合作医疗险，给退伍军人、老年人每年定额补助。石路村成了远近闻名的富裕村。

经过一年的努力，到2007年底，石家庄18个农村县(市)区的4 351个村中，已有4 348个村建立起了村级财富积累机制，占农村县(市)区总村数的99%。共清理并规范农村各业承包合同79 940份，确保了合同合法有效、顺利履行。集体经营总收入由2.35亿元增加到7.07亿元，有可盘活资产的村村均收入19.7万元，较建制前增加2倍，同时清收拖欠承包费3 341万元，抵顶和化解村级债务1 716万元，涉及1.38万农户。不仅使村级组织正常运转得到了保障，还兴办了一批农村公益事业，村级财富积累机制建设获得了成功。

专家、学者对这项制度的创立，给予了高度评价。认为，建立村级集体财富积累机制是农村工作的一项创新，是值得倡导的一种进步。这一创新是按照新的思路，运用新的机制，采用新的方法，解决农村改革发展中遇到的新问题。这一创新使农村集体资源、资产、资金的管理和使用出现了三个新特点：一是引入了市场机制。把集体资源、资产、资金的管理使用纳入了市场运行的轨道。二是体现了民主原则。把集体“三资”的管理使用交由全体所有者决策和监督，使集体“三资”的管理使用真正走向了民主管理。三是形成了集体“三资”不断增加的长效机制。这一制度的建立为破解农村工作的三个难点开辟了新的途径，无论从理论上，还是实践上都是可行的，应该在全国推广。

2007 年，经济学家林毅夫教授就这项制度专程来石家庄考察时指出：“集体资产有偿使用是一项非常有效的使用透明制度，是一项农村集体资产保值增值很重要的制度，是一项公平公正的制度，是建设社会主义新农村的新试验、新机制、切入点，是非常重要的制度创新。”

2010 年 7 月 21 日，全国农村集体“三资”管理工作座谈会在石家庄召开，会上，农业部副部长陈晓华说：“石家庄市建立村级财富积累机制的实践，生动地反映了清产核资、强化经济合同管理在推进集体‘三资’管理上的重要性，他们的经验对资源性资产较多、管理不规范的地方具有普遍的指导意义。”这一做法和经验，经中央电视台、新华社、人民日报等新闻媒体报道后，在广大农村引起了反响。

第四章　新机制带来农村新变化

建立村级财富积累机制，有效规范了农村集体“三资”管理，破解了长期以来困扰农村发展和农村稳定的几个难点问题，初步实现了农村集体资产的保值增值、公开公正公平使用，村级组织做到了有人管事、有钱办事、有章理事。同时，弥补了取消农业税后，村级组织工作经费严重不足的问题，巩固了村级组织在农村的执政地位。这一机制的建立，给农村带来了显著的变化。

第一节　摸清了集体家底

建立村级财富积累机制的一个重要步骤，就是核实登记村级集体的“家底”。长期以来，农村集体资产一直在不断变动中，原有资产本来底数就不清，经过长期变动，更成了一本糊涂账。在建立村级财富积累机制过程中，各村都对现有的集体资产、资源，在村民的民主监督下进行了核实，并建立台账，使多年来许多游离于集体管理之外的资产、资源重新纳入到集体管理的轨道，有效避免了集体资产的流失。

苍德村集体账上494亩沙荒地变成了1 060亩

藁城市苍德村坐落在石家庄市最大的河流——滹沱河岸边。滹沱河故道有一片村集体沙荒地,集体账目上一直记载的是494亩。2007年,村里建立财富积累机制,请国土资源部门用卫星定位仪对沙荒地进行了重新实地测量。这一量使大伙猛吃了一惊,原来集体的沙荒地是1 060亩,比账上整整多出了1.1倍。村支书郑兵又高兴又后悔,高兴的是,集体资产终于澄清了,心里有底了;后悔的是,资产核实得太晚,这些年来多出来的沙荒地承包费白白流失了。

正定县拐角铺村集体资产比账上多了

正定县南牛乡拐角铺村,2005年以前登记在册的集体资产有机动地51亩、沙荒地1 300亩、果园200亩、门店20间。2006年村里建立财富积累机制,对集体资产进行了重新核实、登记,实际资产比账面资产多出了20亩空闲地和9亩工商企业占地。

在建立村级财富积累机制中,正定县77个有沙荒地的村,2005年清理家底,一次就清出49 669亩。晋州市村级集体资产净增了380.6万元。据对石家庄市10个县(市)100个村调查,建立村级财富积累机制前的2005年与建制后的2007年比较,集体固定资产平均增加了53万元。集体家底在混乱多年之后,终于令人信服地摸清了。

第二节　增加了集体收入

建立村级财富积累机制,理清家底,关键是为规范管理打基础，其最终目的是增加集体收入。建立财富积累机制后，集体家底在重新登记、建账过程中，被全部亮在群众眼皮底下，一些村再想象过去那样暗箱操作，随意发包、侵占集体资产，群众也不答应，这样就较好地解决了集体资产保值和增值问题。集体有了实力，“统”的功能也就顺理成章地增强了。

晋州市西队村每年集体增收 10 万元

西队村交通便利，土地肥沃，经济发达。全村 363 户 1 400 口人，2 000 亩耕地。村集体拥有果园 260 亩、闲散土地 130 亩、厂房 10 亩和一些大型农机具。过去，果园和闲散土地租赁、管理不规范，有人跟村干部们打个招呼就租赁、承包了，应缴的承包、租赁费，有时私下给村干部“意思一下”也就不缴了，致使集体收入越来越少，村民意见很大。

2006 年，建立财富积累机制后，西队集体资产在清产核资的基础上，重新公开发包、租赁，闲散地租金由每年 230 元增加到 300 元，果园承包费由 15 万元增加到 25.2 万元，企业占地由每亩 1 000 元增加到 1 300 元，集体年收入达到 27 万元，比过去整整多出了 10 万元。

行唐县余底村集体土地承包费涨了 10 倍

余底村村南有一个 400 亩的集体果园，1988 年承包给了 13 户村民，在长达 20 年的承包期中，每亩 5～40 元不等的承包费一直没变。多数村民要求到期收回果园，重新发包的愿望十分强烈。

2007 年，村里建立财富积累机制，决定收回果园重新发包，对承包户在果园内的非法建筑采取了强制措施，对必要的电力、水利设施投入，给予了合理补偿。重新发包时，在村民广泛参与下制订了土地承包方案，承包期限 20 年，用于发展农牧业。正式发包时，要求有意承包者先交 36 万元资格费，中标后当天一次性交清 5 年承包费，并进行了张榜公布。经过公开竞价，最终以每亩 360 元的价格整体承包了出去，竞价承包费达到每年 14 万元，为集体资产的合理使用画上了圆满的句号。

辛集市冯家方碑村集体土地承包费增加 200 多万元，栾城县南屯村集体机动地承包费由每亩 200 元增加到 400 元，等等。据统计，全市普遍建立财富积累机制后，共清理规范农村各业承包合同 79 940 份，收取村级集体资产有偿使用费 4.55 亿元，有可盘活资产村村均收入达到 12.69 万元，清收拖欠承包费 3 341 万元，年净增村级集体收入 1.17 亿元，抵顶和化解村级债务 1 894万元。辛集市清理核对了 6 732 份合同，公平、公正、竞价承包后，集体收入达到 4 718 万元，年增收达 876 万元。

第三节 农村社会趋向稳定

村级财富积累机制的建立，吸收了广大村民的参与，在集体资产、资源的处置、管理、收益支出等各个环节，全面接受群众监督，充分体现了群众意志，最大限度地保障了村民的民主权利，维护了村民的共同利益，消除了容易引发干群矛盾产生的土壤。

实施方案上的 52 个红手印

翻开正定县拐角铺村 2005 年 12 月 23 日村民代表会的会议记录，52 个红手印赫然在目，这是村民代表表决通过《村集体资产盘活实施方案》时留下的。

“过去承包村里的沙滩地、搞养殖要占村集体的闲散地建场，普通村民谁都不知道，都是承包户、租赁户给村干部拎两瓶子酒、塞两盒子好烟，村干部嘀咕个价就算定了。好些事儿等村民知道时早就捏合成了，你有意见也不顶事。”村民刘文华说。

这次建立财富积累机制，在清查核实了村里的集体资产之后，村里召开了村民代表会，讨论通过了集体资产如何发包，租赁、收费标准，承包租赁期限等关系集体资产处置使用的大事。根据会议决议，已经开发出的沙滩地每年每亩收费 100 元，养殖建场占地每年每亩 80 元，厂矿企业占地每年每亩 252 元。承包 23 亩沙荒地长达十几年的一个村民，以过去遗留问题为由拒不缴纳承包费，村民代表会决定，取消其参加沙荒地竞价承包的资格。为了这次会议庄严的决议，全村 52 名村民代表在会议记录上摁下了鲜红的手印。

承包地出价就差 5 分钱落标

还是正定县拐角铺村，2006 年 4 月 28 日村里召开集体沙荒地招标承包大会。沙滩地招标承包底价公开，分块竞标承包。投标人在投标单上写明投标地块、竞价和自己的名字，尔后当场开标，谁投的价高谁就获得承包权。在一块 13.5 亩沙滩地发包时，村民刘春海投标价每亩为 188.1 元，刘文华为 188.05 元，最后刘春海中标承包，刘文华仅差 5 分钱没能包上。“不怨天不怪地，就怨自己不愿意多出钱。竞价承包的全过程都是公开透明的，我没承包上，没得话说。”刘文华心服口服，毫无怨言。

有名的乱村稳定了。——2007 年 7 月 24 日《石家庄日报》刊登了《重访温方村》的文章

温方村，两年前乱得出名，上次记者采访时被群众围得拔不出脚来。这次来辛集市，市里的同志们说，温方村建立村级集体财富积累机制使村里大变了样，该再去看看。

因为来过，记者知道穿过辛集皮革商城再向东走，紧挨着就该是温方村了。可走进村后，一看村容村貌，硬化了的大街平平整整，街旁栽着绿篱，安装了路灯，疑惑这不是温方村吧。因为上次来，车被街中垃圾堵的印象太深了。

真巧，我们遇到了上次来采访时喊得最凶的那位络腮胡子大个子。一照面，他一愣。回过神来后，他拽着记者到他家坐坐。他叫王运更。

‘那时，俺们真没招儿了，村里那么乱道，向镇里、市里反映无数次就是不顶事儿，好不容易逮住了个记者，能不把话说完？’王运更有点儿不好意思。

辛集建皮革商城时占了这村 500 亩地，卖了一大笔钱，村里不向村民公开；村靠近商城建了不少门店对外出租，村集体原有好几个摊点儿都承包了出去，村民办养殖场、加工厂也租占了村集体不少地，可这租赁费、承包费、占地费有交的，有不交的，村里没人管。年终，村干部说，村里没钱了。村民们不服，因此，上访告状。

“总算苍天有眼，前两任村支书都被法办了，一个取保候审，一个判刑六年半。”听说记者来了，好几位村民也都来到王运

更家。

“这次建立村级集体财富积累机制搞得真及时。”村里换了两委班子，办事公开，不掖不藏，发扬民主，村民们说了算。

新班子一上任，先清理旧账。村里共卖了多少地，应卖多少钱，实收回多少，外欠多少，一宗宗、一笔笔查清。集体摊点儿、门店、土地租赁的承包情况，一家家走访澄清，尔后上墙公布，再经村民代表会逐户审核。

门店、土地以后怎样租？租金标准定多高？既征求承租户的意见，又听取村民的意见，最后由村民代表会确定。村民代表会认为不公平的重新发包，最后正式签订新合同。村成立了理财小组，3 000 元以上到 5 000 元以下的村开支必须经理财小组同意批准，5 000 元以上的开支必须由村民代表会批准。村开支每张单据，必须由经手人签字、村主任审批、理财小组审核后才能报销。对账目，一季度一公开，大宗项目一项项列出，小宗项目分类列出。每次公开时，村委会派人在公开栏前负责解答村民的疑惑和听取村民的意见。

一年来，这个村制定出了集体门店和土地租赁规定、宅基地发放规定、村民待遇规定、物业管理规定、外来人口迁入规定等一系列村规民约，村里呈现出民心顺、事业兴的生机勃勃局面。”

村集体收入多了，为村民办事的能力增强了，农村更稳定了。

“集体经济有了长效积累机制，‘村官’好当了，‘乱麻’理开了。”——行唐县安香乡党委书记孟文锁

俺们行唐县安香乡 22 个行政村 41 000 人。2006 年以来，

各村都建立了村级财富积累机制，全乡工作好干多了，社会也稳定多了。过去村干部难当，原因很多，很重要的一条就是农村集体经济薄弱，收入少，该干的事干不成，干群矛盾越积越多，越积越大。前几年，胡家庄村一台变压器坏了一个小零件，需要几十块钱，因为村里拿不出钱，变压器坏了几个月也修不成，导致几百人上访。全乡有15名村干部因集体无钱，难于搞服务而下台。东安香村4年中曾换过3任支部书记。群众围攻、打骂乡村干部的事年年都有。干群矛盾大多数与承包合同、集体财产被侵占、固定资产流失有关。村级财富积累机制建立后，全乡村级集体收入大幅增加，达到284.1万元。有了钱就能办事，各村比着修路、打井、建学校，一年多的时间，全乡都通了水泥路，4个村维修了教学楼，12个村改造了学校危房，新上了24台变压器，打了72眼机井，全乡农业、教育等基础设施发生了很大变化。群众上访案件下降了90%。

第四节 集体办事能力增强

集体资产的规范管理、民主管理，不仅使集体资产实现了保值增值，而且使集体收入不断增加，在解决基层组织运转经费不足的同时，也有能力为村民办一些公益性的事了。

辛集市通士营村为村民办实事

通士营村有600户2 350口人。建立财富积累机制后，村集体每年增收4.5万元。2008年，村集体收入达到21.8万元，公共积累达到46万元。在村民一致要求下，将富余的集体资金重点用到了改造电力线路、解决吃水和硬化街道等最急迫需要解决的问题上。村集体投资 2.7 万元，并争取到上级支持的价值 40 多万元的电力物料，新上了 3 台农用变压器和 1 台照明用变压器，更换了 1.2 万米低压线路，彻底解决了照明和浇地电力不足问题。此后，村集体又先后投资 9 万元，新打吃水井 2 眼；投资 36 万元，翻修新建了通村公路2 020米，硬化村内部分街道 600 米；投资 8 万元，将2 200米的村内街道两旁全部铺砖硬化，更换高标准街灯 156 盏，并建立了由村干部分片包街负责的卫生保洁制度；投资 21.8 万元，建成了 900 平方米的文体活动广场、400 平方米的村民中心。村容村貌和村民的生产生活条件都得到了明显改善。

元氏县东阳村面貌发生了新变化

东阳村位于蟠龙湖畔，虽然地理位置优越，但因集体无钱，村内该硬化的道路、该办的公益事业无法干。2006 年村里建立财富积累机制，当年集体收入就突破了 40 万元，村集体有能力为村民办实事了。

2008 年，村集体投资 85 万元，加上上级部门支持的物料，拓宽了村内 5 条大街，并将村内 70 条街巷也全部进行了硬化，水泥路直接铺到了村民的家门口。主要街道上安装了 70 多盏路灯，在道路两侧栽植绿化树，村内的环境得到了很大改观。2009 年，村集体筹资和上级配套资金共 80 多万元，建起了高标准的文化活动室和图书室，建成了花园式的村中心广场。文化活动室配备了投影仪、DVD 机等播放设备，图书室拥有藏书15 000册，中心广场添置各类文体器材 40 多套。村民们随时可以到活动中心看书、娱乐。东阳村道路硬化了，村庄变美了，村民文化生活越来越丰富了。

平山县丁西冶村生产生活条件得到改善

位于冶河西岸的丁西冶村，210 户 800 余人。集体财富积累机制建立后，严格按制度办事，每年召开两次民主议政会，提出要把集体增收用在一家一户办不了的实事上。2006 年，经村民代表会同意，村里建起了党员活动室和村民文化活动中心，购置了图书，配备了文体器械和远程教育设备。2007 年，建设了一座大型扬水站，修建了 11 000 米的防渗管道、20 个涵洞，整修田间道路 2 000 米。2008 年硬化了村内主要街道和 2 000 米的通村路，架设了路灯，解决了村民出门难、夜里一片黑的问题。

在石家庄市，多数村庄和上述村一样，通过建立村级财富积累机制，规范了集体资产管理，增加了集体收入，不仅解决了村基层组织日常运转费用问题，还为群众解决了一些生产、生活难题，改善了干群关系，促进了农村稳定。

第五章　深化村级财富积累机制

经过两年多的努力，石家庄市农村普遍建立了村级集体财富积累机制，取得了实实在在的成效，对农村经济和社会发展产生了深远影响。为了使这项机制不断得到巩固和提高，我们又对村级集体财富积累机制进行了深化探索。

第一节　统一经营现状与制度设计差异

建立村级集体财富积累机制，规范和加强了集体资产管理，盘活了集体资产，实现了集体资产保值增值，增加了集体收入，要进一步发展壮大集体经济，还需对这一机制继续发展完善和不断深化。

一、农村集体经济组织有名无实

20世纪50年代初期，农村的主要生产资料集中到了农业合作社，农业合作社成为农村唯一的经济组织。人民公社化实行“政社合一”的管理体制，主要生产由公社、生产大队和生产队组织管理，集体统一经营。改革开放后，撤销人民公社，设立乡、村建制。队为基础、三级所有的集体经济组织解体，但大队、生产队的集体组织管理模式由村级延续下来，只是经营方式发生了变化，集中体现在土地资源上，由集体经营转变为家庭承包经营，形成统分结合的双层经营体制。

虽然法律赋予了农村集体经济组织的地位和职能，但是没有明确农村集体经济组织具体的架构和组织形式，导致集体经济组织虚化，农村集体资产的经营管理权事实上由村委会在行使，农村集体经济组织有其名而无其实。《宪法》第八条规定“农村集体经济组织实行家庭承包经营为基础、统分结合的双层经营体制”；第十七条规定“集体经济组织在遵守有关法律的前提下，有独立进行经济活动的自主权。”《土地管理法》第十条规定“农民集体所有的土地依法属于村农民集体所有的，由村集体经济组织或者村民委员会经营、管理”。《物权法》规定“农民集体所有的土地和森林、山岭、草原、荒地、滩涂等，行使权利的主体为集体经济组织或者村民委员会、村民小组。”《村民委员会组织法》则对集体经济组织的职能规定有前后矛盾之处，第二款规定“村民委员会应当尊重集体经济组织依法独立进行经济活动的自主权，维护以家庭承包经营为基础、统分结合的双层经营体制，保障集体经济组织和村民、承包经营户、联户或者合伙的合法的财产权和其他合法的权利和利益。”确认了集体经济组织的独立地位和经济管理职能。但第三款却规定“村民委员会依照法律规定，管理本村属于村农民集体所有的土地和其他财产，教育村民合理利用自然资源，保护和改善生态环境。”又把集体资产的管理权交给了村委会。

张文茂在《社会主义新农村建设需要改革和发展农村集体

经济》(中国特色社会主义研究,2006 年第 5 期)一文中说:"在政社分设以后,对农村小区集体经济组织的法律地位却迟迟不能明确,使其进入一种自发、放任的状态。""二十多年过去了,仍然是法律空白,用村民委员会替代集体经济组织,在法律地位上使集体经济组织处于十分尴尬的境地,农村集体经济组织实际上被边缘化、冷漠化,双层经营体制在多数情况下也成了家庭一层分散经营。"

二、农村集体经济组织不具备法人资格

20 世纪 80 年代初,国家对农村统购统销政策改革后,农村商品经济逐步发展起来,到 90 年代中期,国家确定建立社会主义市场经济体制后,市场机制迅速渗透到社会各个领域并发挥了强大的作用,农村集体经济也逐步融入了市场经济的大潮。

市场经济中,市场主体应该是具有独立经济利益和资产、享有民事权利和承担民事责任的法人或自然人。农村集体经济组织从事市场经济活动,首先要取得法人资格,否则无法进入市场进行经营活动。到目前为止,国家对村集体经济组织或者是对村集体经济组织的具体组织形式如村集体经济合作社、村集体股份合作社的法人资格还没有法律规定。村集体经济组织在财产内容、责任承担、组织机构、设立程序等方面都不符合《民法通则》规定的法人资格,因此,村集体经济组织从法律意义上来说尚不是真正的法人。

"农村集体经济组织没有法人资格,村集体从事经营活动真难"——辛集市委农工委副书记赵丙毅一席谈

“现在农村发展集体经济真难，因为农村集体经济组织没有名正言顺的身份，不能直接与商家谈生意、签合同”。

“2008 年，辛集市农村普遍成立了集体经济合作社，但都没能在工商部门登记注册，村集体经济合作社不具有法人资格，也不能从事正常的经营活动。要发展村集体经济，农村集体经济合作社又不能不搞经营活动，真是两难”。

在市场经济迅速发展的今天，农村集体经济组织不具有独立的法人资格，不能成为市场主体从事经济经营活动的问题，再也不能继续拖延下去了。

三、深化的设想——健全村级集体经济组织

在农村实行土地家庭承包时，人们的注意力都集中在了对集体财产的分割和分田承包上，生产队消失了，村一级组织也只是将原生产大队的牌子换成了村委会的牌子，办事仍然按旧章办事。虽然中央文件上说实行双层经营，建立集体经济组织，但实际上没有切实的实施路径。因此，广大农村集体资产仍由村委会管理。

石家庄市在建立村级集体财富积累机制的初期，没有刻意要求建立村集体经济组织，因为这涉及与村委会之间的职能分配问题。各村都成立了集体资产管理领导小组，由它来组织实施建立村级集体财富积累机制，把建立集体经济组织这个敏感问题暂时搁置起来，待时机成熟再创新深化。随着集体资产的不断积累，集体经济的不断壮大，经济活动越来越频繁，迫切需要具有法人资格的经济组织来独立对外从事经济活动。因此，在深化阶段，必须把经济管理经营职能从村委会中分离出来，建

立农村集体经济组织——村经济合作社。

推进村级集体财富积累机制第一步的着力点，就是规范管理集体资产，使农村集体资产承包、租赁实现应收尽收。但仅靠这些集体收入是有限的，最多只能维持农村基层组织运转经费需求，而无力发展农村的公益性事业。改革要深化，就要在资产经营上求突破，不断增长村级财富的集体积累。

从以管理为主转向以经营为主，必须慎重解决经营什么、怎样经营的问题。兴办乡镇企业留下了太多惨痛的教训，村集体搞生产经营必须找好经营项目，找准经营方向，找对经营方法，这是搞好经营的前提条件。

在经营方向上，一是充分发挥资源优势，适应市场需求，实现人无我有。农村与城市相比，优势在于自然资源多。农村集体发展增收项目就要立足资源优势，合理开发资源。如鹿泉市的建材产业、井陉县的钙镁产业、高邑县的建陶产业、灵寿县的石材加工产业，还有西部山区各县市星罗棋布的采矿业等，都是资源型产业。二是扬长避短。农业是农民的本业，农业提供的产品具有特殊性，它是人们生存不能离开的粮棉油、肉蛋奶、茶果菜。如果能在新、优、特上做好文章，那么在市场上就有了竞争力。如辛集市、晋州市、赵县的梨果业及其冷贮业，赞皇县、行唐县的大枣，高邑县、藁城市、无极县的设施蔬菜，灵寿县的食用菌，新乐的西瓜、花生，以及遍及全市的奶牛、生猪、蛋鸡养殖业等，这都是农村建设增收的好项目。三是即使搞工业项目，也要“避开大路、占据两厢”。所谓“避开大路”，就是不去从事与城市工业争抢的热门行业，避开与城市工业企业的激烈竞争。因为村集体缺少人才、技术优势，在高科技领域难有作为，即使在一般工业领域也很难与城市工业企业竞争。所谓“占据两厢”，就是要寻找城市工业企业不愿做，市场上又有需求的行业。如辛集市的制革、正定县的板材、栾城县南高的纺织、无极县郭庄的门业、晋州市营里的电缆、新乐市木村的电热毯、深泽县耿庄的制皂、元氏县黎村的纺纱合线等。

在管理经营上，要汲取历史的教训，村集体最好不直接去从事生产、经营产品，而是投资建设基础设施。诸如开发荒滩、荒山栽种果树，开发水面搞水产养殖，建棚舍发展养殖小区，建温室发展蔬菜种植基地，建厂房、库房、门店、市场等，尔后承包、租赁出去，不直接参与产供销的经营，只收取承包费和租赁费，目的是规避经营风险，实现收入稳定。

第二节 搭建集体经济组织架构

针对上述亟待解决的集体经济组织建设问题，从 2007 年 8 月开始，石家庄市开展了建立集体经济组织、组建经济实体、实施项目建设，深化村级集体财富积累机制的广泛实践。

一、建立村级集体经济组织

深化村级集体财富积累机制，首先必须解决集体所有权主体虚位的问题，建立村级集体经济组织。只有建立具有独立法人资格的集体经济组织，才能成为集体资产管理经营的合法主体，才能有效行使集体资产的所有权、经营权、处置权和收益权，从根本上解决集体资产产权不清、职责不明的问题。

为了指导建立集体经济组织，我们研究制定了《村集体经济组织管理暂行规定(试行)》和《村经济合作社(示范)章程》,明确了集体经济组织的性质、地位、作用、权利、责任、义务,以及民主管理制度。

村集体经济组织要处理好与村党支部、村委会的关系。农村集体经济组织在村党组织的领导和乡镇人民政府(包括辖有村的街道办事处)的指导下,独立开展经营活动,壮大村级集体经济实力,为发展公共服务和公益事业建设提供物质保障。村集体经济组织法定代表人,可由村党支部书记或村委会主任兼任。农村基层组织逐步形成以党支部为核心,村民自治组织与集体经济组织各负其责、各司其职"三位一体"、相互交叉任职的模式。

石家庄市要求,凡人口在800人以上或有一定存量资产的行政村都要建立健全集体经济组织。根据生产力发展的不同水平,一般行政村要以村为单位建立经济合作社形式的集体经济组织;经济实力较强、已经"村改居"或集体土地大部分被征用、经济结构已走向二、三产业为主的城郊村,可以通过产权制度改革,把集体资产折股量化到每个集体经济组织成员,实行按份共有,建立股份合作社形式的集体经济组织,条件成熟后逐步向公司制过渡,实行现代企业管理制度。

不论哪种集体经济组织形式,都要制定集体经济组织章程,健全成员大会或成员代表大会制度,确保集体经济组织成员有效行使对集体资产的决策权、监督权,形成民主管理、民主监督长效机制和科学合理的收益分配机制,为集体经济健康运行、集体财富的积累提供良好的制度保障。

实践中,石家庄市农村组建集体经济组织,主要采取的方法步骤是：

一、成立筹备小组，根据《石家庄市农村集体经济组织（示范）章程》，起草集体经济组织章程草案。

二、村“两委”班子研究讨论集体经济组织章程草案。包括酝酿讨论村集体经济组织内部治理机构（主要包括成员大会、管委会、民主理财小组、成员代表会议等机构）及负责人产生方式。

三、党支部和村委会组织全体党员及村民代表讨论通过村集体经济组织章程。

四、乡镇党委、政府审核批准村集体经济组织章程。

五、报县级农业农村工作综合部门登记备案。

六、集体经济组织挂牌成立并正式运转。

经过一年努力，到 2008 年 9 月，石家庄市 18 个农村县（市）区的 4 351 个村中，已有 3 266 个村建立了村级集体经济组织，占行政村总数的 75%。到 2011 年底，全市 99.6%的村建立了村级集体经济组织。

二、组建经济实体

村级集体经济组织，类似于行业协会这样的社团管理组织，不能在工商部门注册，即使在社团管理部门注册登记，也不能直接从事市场经营活动，需要建立具有市场经营主体资格的经济实体。

20 世纪 80 年代，一些城中村和城郊村成立了以村集体实业公司为主要形式的集体经济组织，2000 年以来陆续改制成股份合作社＋公司制企业的形式。借鉴这些改革经验，石家庄市提出了在村级集体经济组织之下组建公司实体的设想，以此取得法人资格，为村集体经济组织从事市场经营活动铺平道路。

集体经济组织组建公司实体，就是村集体经济组织在清产核资的基础上，依托自身优势，或通过招商引资，或开展各种形式的联合与合作，由集体经济组织发起或委托成员代表作为出资人(股东)，全体村民为受益人，依法组建具有独立法人资格的各类公司制经济实体。组建方式上，既可集体全资，也可与其他企业组织和个人共同发起设立控股或参股公司。根据经营需要，可设立一个公司，也可设立多个公司。

以组建公司实体的方式开展经营活动，是集体经济组织适应市场经济需要、参与市场竞争、获取更大效益的一种新的经营方式，也为集体经济发展提供了融资平台。

在实际操作上主要抓了四点：

一是以建立起的村级集体财富积累机制为基础，明确集体资产产权，核定集体资产总额、净额，为出资做好准备。

二是依托优势产业，按照市场导向选择经营范围和项目，重点是资源开发、资产经营、资本运作、产业服务。

三是由集体经济组织发起，委托成员代表作为出资人(股东)，全体村民为受益人，依法组建具有独立法人资格的各类公司制经济实体。

四是坚持所有权与经营权分开，基层组织服务于公司实体经营活动。

截止到2008年年底，石家庄市村级集体经济组织共注册公司等经济实体685个；到2009年年底，经济实体增加到750个；到2010年年底，经济实体增加到859个；到2011年年底，经济实体增加到954个。

三、实施财富积累项目建设

公司制实体的组建，为集体经济组织走向市场取得了“通行证”。在公司制实体组建之后，必须有好的经营项目，才能增加村集体收入。不搞项目建设，取得不了经济效益，就无法实现机制设计的目标。

为了指导村集体搞好项目建设，石家庄市编写了《村级集体财富积累项目指南》鼓励农村集体经济组织发展多元化集体经济。

一是盘活存量资产，搞好资产经营、资源开发。挖掘潜力，因地制宜制定盘活集体资产方案。集体闲散土地、闲置房屋设备、农业机械、水利设施等资源、资产，都要通过发包、租赁等形式，提高利用率。有市场、效益好的集体企业和优质资产可通过扩大规模，增加收益。对成片租用农户承包土地建设农产品生产基地，使用原集体投入的基础设施的，村集体可收取一定的使用费。科学开发山场、林地、滩涂、水面，把资源优势转化为经济优势。通过各种形式的联合与合作吸引资金、技术，开展山水林田路综合治理，大力发展生态农业、休闲观光农业、矿产品加工业等，拓宽集体收入管道。也可利用路网优势，搞好农田林网开发，凡适宜种树的地方，可以结合林权制度改革，明晰产权关系，通过造林增加收入来源。

二是开展土地整理，依法经营土地资源。要结合新民居建设规划和土地利用总体规划，积极开展土地整理、“空心村”宅基地治理、零星自然村迁并，增加集体有效用地面积，获取建设用地置换指标，拓展集体资源运作空间。通过土地整理，新增的有效耕地归村集体所有和经营。认真落实村级集体经济发展留用地政策。村级发展留用地补偿原则上以留地为主、货币补偿为辅。城乡结合部征用集体土地按人均一分地留用，用于发展集体经济，获取长久收益；征用集体土地后获得的土地补偿费收入，除按规定分配给农户以外，其余可留作集体积累；村集体可以把集体建设用地使用权作价入股（出资），与其他所有制经济合作、联营兴办各类工商企业；在农民自愿的前提下，鼓励把农户联合起来，以土地承包使用权入股，创办土地股份合作社，从农业规模经营中收益。

三是结合区域经济发展，搞好产业服务。要引导鼓励村集体经济组织与农业龙头企业、农技部门合作，牵头兴办农民专业合作组织，围绕一乡一业、一村一品的发展提供有偿服务，实现集体经济向多层次、多领域延伸扩张。适于兴建市场的区位，以及已自然形成初级交易市场的村，可兴建农贸市场、专业市场，通过出租摊位和管理服务开辟集体新的收入来源；养殖户较多的地方，可以兴建标准养殖小区进行出租或统一养殖；城郊型农村，可在合理规划的基础上，投资兴建外来人员公寓、三产经营用房、工商企业配套储运设施等，通过物业出租等方法，获取长期稳定的收入。

四是利用集体资金，开展资本运作。要发挥公司实体融资平台作用，运用市场法则，将现有资本进行投资、入股、融资等，实行多元化投入，开辟多渠道融资。要善于利用外部人才、资金、信息，扬长避短，优势互补，实现共赢。

集体经济组织投资兴办建设项目、开展融资活动，或参股经营企业，要进行可行性论证，经集体经济组织成员大会或成员代表会讨论决定。对控股或者参股的企业，集体经济组织要按照企业章程，选派出资者代表进入股东会、董事会和监事会，对企业运行情况实施有效的监督，参与重大决策，保障权益。

到 2008 年年底，石家庄市村级集体经济组织新建、改建财富积累项目 254 个，总投资 6.4 亿元。到 2009 年年底，全市共实施财富积累项目 271 个，总投资 7.48 亿元。到 2011 年年底，全市村级财富积累项目 423 个，总投资达 10.6 亿元，实现经营收入 8.8 亿元。

第六章　新机制增添新活力

深化村级财富积累机制，村级集体经济组织得以健全，形成了“党、政、经”三位一体的村级治理模式。集体经济组织有了对集体资产的独立管理、经营权，并且以具有法人地位的公司制实体进入了市场，实施了一批财富积累建设项目，集体收入实现了持续增长，为新农村建设注入了新的活力，进一步完善了双层经营体制。

第一节　集体经济组织步入市场

在村级集体经济组织下，设立公司制实体，取得法人资格，为集体经济组织进入市场铺平了道路，兴办起了一系列财富积累建设项目，为农村集体增加了收入。

一、兴办合作社实现集体增收

《中华人民共和国农民专业合作社法》给予了农民专业合作组织法人地位。因此，石家庄市不少农村在集体经济组织内，由村经济合作社或股份合作社牵头，就具体项目与农民合作注册成立专业合作社，从事经济活动。

高邑县东塔影村成立东塔种植合作社，将 1 200 亩土地打包租赁给种植商，村集体每年增收近 40 万元。

东塔影村原有一个 600 亩的集体农场，过去承包给农户经营时，每年每亩的承包费 100～200 元，村集体每年收入承包费在 10 万元左右。

2009 年，一家城市绿化苗木种植商，需租赁土地 1 200 亩，每亩每年的租赁费 800 元。东塔影村经济合作社想将农场的 600 亩土地租赁给种植商，但仅此又不能满足种植商需求，再则自身不是法人，也无法与种植商签订租赁协议。为解决这一难题，他们就以村集体农场土地为中心，吸收周边农户的土地一起入股，成立了东塔种植合作社，将村集体农场的 600 亩土地和社员的 600 亩承包地打包，租赁给了苗木种植商。种植合作社涉及社员的土地租赁费全部返给社员之后，村集体每年增收近 40 万元，做成了这个对集体和农户都有利的项目。

灵寿县南朱乐村成立冀乐食用菌专业合作社，做大了食用菌产业。

南朱乐村是一个距县城仅 3 公里、680 户 2 850 人、耕地 3 800亩的平原村。过去，这个村是个典型的穷村、乱村。村集体原有的一些资产被处理完了，还留下了一笔债务。2006 年，按照石家庄市的安排部署，村集体建立了集体财富积累机制。2008 年，随着村级集体财富积累机制的深化，村集体决定成立经济合作社，实施财富积累建设项目。

南朱乐村有种植食用菌的传统,因此围绕食用菌产业做起了文章。村里对食用菌的发展前景十分看好,但是食用菌种植急需从传统的单一品种季节性土棚生产模式,转向现代化、多品种、常年连续工厂化生产模式,同时急需建一个规范的交易市场。于是,村经济合作社与本村和邻村的 80 多个食用菌种植户合作,注册成立了冀乐食用菌专业合作社,入股资金 260 万元,决定建交易市场和新优品种生产基地。

第一个项目是建规范的交易市场。原来,在南朱乐村沿街有一个自发形成的食用菌集市,由于缺乏统一管理,市场秩序混乱,也影响交通。专业合作社投资 130 万元,租赁村集体 8 亩土地,建成规范的交易市场。市场对菇农不收费,只对经销商每件收 1 元的服务费。每年市场的交易量为 3.5 万吨,可装 175 万件,专业合作社每年可收入 175 万元。

第二个项目是建立新优品种生产基地。专业合作社投资 150 万元,租赁村民承包地 20 亩,建设 20 栋温室大棚,引种新品种,建成了茶树菇种植基地。这个基地年产茶树菇 240 吨,除去成本,可获纯利润 48 万元。2009 年,专业合作社又在本县横山岭水库附近租赁土地 10 亩,建大棚 10 座,建成了香菇基地。

第三个项目是建设现代化食用菌种植车间。虽然产业已经形成,但规模还不够大。2010 年,专业合作社投资 560 万元,建成了一个现代化食用菌菌种培育车间、一个高档食用菌生产车间,使食用菌生产不受外界气候影响,可实现周年连续生产,年利润达到 1 000 多万元。

在石家庄市,以专业合作社形式,开展项目建设,从事经营活动的村不在少数。这些项目的兴建，助推了特色产业发展，为村集体增加了收入。

二、创办公司化实体实现集体增收

依照《公司法》，很多农村集体经济组织依托具体项目，建立股份制公司。

依托小米产业，成立绿色食品公司，发展集体经济——行唐县龙兴庄村深化村级财富积累机制的调查

龙兴庄村位于行唐县西北部丘陵山区，全村420户1 420人，耕地3 380亩，其中水浇地面积仅有880亩，山场面积8 000余亩。水浇地可以种植小麦、玉米，仅能保住口粮，但2 000多亩的岗坡旱地土地贫瘠，只适宜种谷子、芝麻、豆类、荞麦等农作物。村民没有其他收入来源，是一个贫困村。

在建立村级财富积累机制过程中，通过承包荒山等村内集体资源、资产，年集体收入达到了6.3万元。这点儿收入，远不能满足村级组织正常运转的需要，更没能力搞农业基础设施建设，改善村容村貌。2007年，深化村级财富积累机制开始后，村里成立了龙兴庄村集体经济合作社，村党支部书记杨润月任社长，决心发展经济实体，建设财富积累项目，增加集体收入。

龙兴庄村周围5公里是红土壤质丘陵地，富含多种有机肥料，日照充足，适合谷类小杂粮的生长。周围没有工矿企业，无污染，种植的谷米质量优良，营养丰富。相传康熙皇帝驾赴五台山时曾路过龙兴庄，饮米粥一碗，龙颜大悦，敕封为贡米入朝，遂有“龙兴贡米”传说。但因为一家一户分散种植，谷子品种杂，产

量也低，加工出来的杂米也卖不出好价钱。

成立集体经济合作社后，村里决定把贡米种植和奶牛养殖这两个产业做大做强。计划对谷子种植实行统一引进品种、统一技术管理、统一收购、统一加工、统一包装销售；对奶牛养殖建机械化挤奶厅和养殖小区实行规模养殖。村集体经济合作社仿效其他一些地方的做法，投资40多万元成立了石家庄龙兴绿色食品有限公司。

食品公司聘请省农科院研究员程汝宏、张玉宗等专家做技术顾问，筛选并引进了“冀金18”、“冀金19”、“金谷3号”等几个优良品种，制定了无公害谷子种植管理技术规范，对农户进行培训，把技术要领和管理方法直接教给农户。同时，给广大农户发放技术规范明白纸，帮助农户掌握科学种植管理技术。为了扩大谷子种植规模，公司推行了“企业＋农户”的产业发展模式。公司与农户签订《产销协议书》和《种植收购合同》，在合同上明确规定了种植的品种、面积、质量要求及最低保护价格，同时规定，种植户必须按公司制订的种植管理技术规范进行种植，保证加工出来的小米达到无公害标准，公司注册了“龙兴庄”牌商标。

为了筹措建加工厂、包装厂和贮存库的资金，公司实行了股份制，规定村干部的入股资金不超过公司全部股份的20%，其余80%股份归村集体所有。公司出让集体股权20%，允许农户以土地经营权或现金形式参股。

经过两年多的经营运转，龙兴庄村的小米产业已逐步形成规模，覆盖4个乡镇19个村，种植面积达8 000亩，有3 600多户农民受益。公司从注册资金40万元，从业人员不到10人，发展成为拥有资金200万元、从业人员达58人的集体控股企业。

2009年，公司再一次进行扩股融资，新出让集体股权8%，村集体持有股份52%，个人持有股份48%，新融入资金600万元，吸收农民群众参与生产经营。同时，公司成立了董事会、监事会等机构，保障集体经济安全运行。2011年，公司又一次扩股，降低集体持股比例，让利于村民，当年公司实现销售收入1 600万元，利润达220万元。

这个村还利用丰富的饲草资源优势，成立了奶牛养殖合作社，建设了6个挤奶厅和1个养殖区，实行奶农集体联营，统一购进奶牛、统一改良配种、统一防疫灭病、统一鲜奶销售，大大增加了奶农的生产经营稳定性。目前，奶牛存栏达2 300多头。村集体依靠奶牛养殖管理和鲜奶销售，年收入达70多万元。

随着集体经济的逐步发展，村集体经济收入也逐年增加。2009年20万元，2010年34万元，2011年44万元。集体有了钱，投资120万元，修通了3条主要出村道路，硬化、美化、亮化了村内三纵四横7条主街，新建了环村公路，安装路灯300盏，建成了环村绿化带。村里新建了“两委”办公室、村民活动室、图书室、娱乐室等，配备了计算机、投影仪等电教设备；新建了1 000平方米的龙兴剧场和村民活动中心。

村里着眼于长远发展，大力发展林业生产，两年开发荒山6 000亩，栽植山杏、枣树等经济树种16万株，五六年后丘陵上将变成“绿色银行”。

辛集市新垒头村经济合作社办了五家股份公司，每年可增收160万元

新垒头村距辛集市区北5公里，全村有1 330户4 800多人

口,8 100 多亩耕地,是一个较大的村庄。这里交通便利,区位优势明显,农村集体和民营经济都比较发达。村集体除了基本农田承包到户经营外,还拥有 900 亩的两个果园,一座冷库,一个浴池,拖拉机、联合收割机以及相配套的旋耕机、播种机等农机具合计 60 台(件),有挖掘机、推土机、装载机、运输车辆等工程机械 13 台,1 100 亩的闲散土地,建成了工业小区,已引进企业 9 家,占地 360 亩。这些资产对外租赁、承包,年收入 230 万元。

村班子坚强有力,集体财产管理较规范,2008 年深化财富积累机制时,村经济合作社开始兴办公司实体,先后创办了跃升商贸、德丰工贸、澳丰果品、博瑞药业、农机股份有限公司等五家股份有限公司。

跃升商贸股份有限公司,是由村经济合作社入股 300 万元、本村两位村民各入股 50 万元,合股成立的一家专营铁粉的股份制企业。村经济合作社与合作者按 7∶3 分红,每年村集体年可获得 50 万元红利。

德丰工贸股份有限公司,是一家经营煤炭和加工畜禽饲料的股份制企业,村经济合作社同本村两位村民各入股 300 万元,红利均分,村集体年收入 30 万元。

博瑞药业股份有限公司,是村经济合作社与本村两位村民同北京一位老教授合作,村经济合作社以项目占地折价入股 51%的股份,两位村民各出资 20 万元占 20%的股份,老教授以技术入股占 29%的股份,四方合作创办股份公司,村集体年收入 20 万元。

澳丰果品股份有限公司,是一个利用村集体冷库,组建的经营梨果的股份制公司。村经济合作社与本村两位村民各出资

30 万元，村经济合作社与他们以 4∶6 利润分成，村集体每年可得 12 万元红利。

农机股份有限公司，是村集体以农机与本村农机服务站工作人员合股成立的一家股份制企业，农机作业收入，按比例分成。集体收入部分按本村村民承包地亩数发放耕作补贴。

这五家股份公司都是由工商、税务部门审批和注册的经济实体，公司的董事长都是由村委会选派的，经理由合作人担任，每家公司的会计、出纳二者之一须由村委会选派。

新垒头村组建公司实体是全市的一个典型范例。

第二节 资源型项目保障集体增收

土地承包到户近 30 年来，村集体除了承包到户不能动的土地之外，其他资产越来越少。在深化机制过程中，许多村干部认为集体没有什么资产可利用了，但事实上还有许多资源可开发，关键是想到想不到、肯不肯用心去做。不少村提供了可值得借鉴的好做法。

一、开发建设土地资源型项目

土地是农村中最主要的资源。在基本农田之外，不少村通过开发荒山、荒坡、滩涂、废弃地、闲散地，取得了增加集体经济收入的明显成效。

辛集市耿虔寺村整理废弃地，引企进村租地建厂，栽种果树

对外发包,年集体增收 34 万元

耿虔寺村位于辛集市西南,距市区 20 公里,属于黑龙港流域,地面较宽。全村有 2 030 口人,5 032 亩耕地,人均 2.5 亩。该村处于辛集市西南部的果区,全村有梨果面积 3 000 多亩,村民以种植梨果为主,经济收入较高。但村集体较穷,2007 年之前,每年村集体收入仅 2 万元～3 万元。

该村 2007 年下半年,在深化机制中建立了村经济合作社,怎样增加村集体收入成了村里考虑的大事。这个村还有 1 000 多亩荒地,怎样让这些荒地产生效益?村经济合作社想出了几个办法:

澳森公司是一家较大的钢铁企业,是辛集市的第一纳税大户。这家公司在南智邱镇建有分厂,近几年发展势头迅猛。当得知这家分厂欲扩建时,耿虔寺村积极跑办争取,并经市、镇领导出面协调,争取到了澳森公司扩建占地,以每年每亩 750 元的价格租用耿虔寺村集体 400 亩荒地建厂,每年村集体收租金 30 万元。

南智邱镇是辛集市的冶金工业重镇,2006 年,开始规划兴建冶金工业园区。耿虔寺村又把原来的旧高中学校、沙土岗子和一部分集体老果园地腾出来,共 20 多亩,租给了朋力铸造、炊花铸造、灏樱铸造和保泰四个企业,每年又增收 1.5 万元。

耿虔寺村村西有 500 多亩集体荒地,一直未得到开发利用。村雇用铲车、推土机把乱土岗子推平,又投资打了井,现已部分种上了果树,每年租金 1 万多元。随着逐步进入盛果期,集体收入将逐年增多。

此外,村委会大院处于村中心,临街的地理位置较好。村经济合作社投资建门店，收取租金，也为村集体增加了1万多元的收入。

正定县塔元庄村河滩地植树造林、新民居底层建门店、腾迁出的土地建仓储，每年为村集体增收260万元

塔元庄村位于正定城西南2公里的滹沱河北岸，全村480户1 780人，有耕地760亩，河滩地3 000亩。此外，在20世纪90年代末村集体还办有一家小厂。

这个村的集体资产和资源不算少，按说不该是个穷村、乱村。村集体以每年每亩承包费50～60元、承包期20年对1 000亩河滩地进行着承包，一座塑料厂每年以5万元对外租赁，仅这两项村集体每年就该收入10多万元。但因为承包费、租赁费不能如数收取上来，还有一些人无偿使用集体资源，这个村还欠了不少外债。对此，村民们意见很大，经常上访告状。

2005年，塔元庄村被列为石家庄市村级集体财富积累机制试点村，对集体财产进行了清产核资，对集体的拖欠积极追缴，对承包、租赁不合理的收回重新发包、外租。村集体有一家临街门市，原来租赁费每年仅800元，租赁人层层转租后租赁费竟每年高达4 000元。收归集体资产管理经营公司后，通过公开竞标，租赁费每年达到4 800元。一处40亩河滩地，长期被个人无偿占用，做废品收购，后经过公开竞标承包，村里增加收入3.2万元。

过去，工商企业占地建厂，都是与承包户私下协商占用，违法改变土地使用性质，个人收土地租赁费。村集体调整出150亩土地，统一办理了土地用途变更手续，对外租赁，收取的土地占用费除返还给农户承包补偿费外,村集体每年可收入 3 万元。

一商家欲租占村集体 10 亩土地建企业。如果直接出租土地,村集体收入就非常有限;如果建成厂房再出租,村集体收入就增加许多。在与商家协商同意后,村集体资产管理有限公司找到一家企业做担保,向信用社贷款 50 万元,加上村集体出资,共投资 100 万元,按照承租商的设计要求,建成了 6 000 平方米的厂房,以每年 20 万元价格租赁给该商家,村集体收入大幅度增加。

2005 年,村集体经济收入增至 60 万元。2006 年,村集体收入增至 96 万元。2007 年,村成立了集体资产管理有限公司后,村集体经济收入增至 101 万元,2008 年达 110 万元,2011 年达到 260 万元。

村集体经济增加了,村班子开始谋划新农村建设。规划设计部门为村做出的村域建设规划,规划占地 100 亩建 13 栋 8 层住宅楼。2008 年,村引进开发商开始进行开发建设,对村实行旧村整体拆迁改造工程。至 2010 年底,全村 480 户村民全部住上了新型住宅楼。

塔元庄村经过整村拆迁改造建设新民居后,节省出 40 亩土地。村集体利用距正定小商品市场较近的地理位置优势,计划建设 6 万平方米仓储设施,对外租赁,租赁费按每平方米 50 元计算,仅此一项村集体每年又将增加 300 万元的收入。此外,村建设的新民居为 8 层住宅楼,住宅小区街道两侧所有底商全部留归村集体所有,对外租赁。2 500 平方米的门脸商铺,村集体每年收入 20 万元。

正在实施的滹沱河整治工程将把塔元庄村紧邻的滹沱河段

建成休闲观光旅游区,将从根本上改善塔元庄村对外交通条件和周边大环境,给塔元庄村带来巨大的发展商机。村集体计划投资几项大型娱乐、餐饮服务项目。到那时,塔元庄将更加富裕。

辛集市耿虔寺村、正定县塔元庄村都是以地生财的典型。像这样的典型在石家庄市还有很多。实践证明,只要开发利用好土地这一资源,农村集体经济就会不断发展壮大。

二、开发建设矿产资源型项目

矿产资源也是农村一项重要自然资源,挖掘开发利用这项资源,建设集体财富积累项目,也会给农村集体带来丰厚的收入。

平山县南马冢、北马冢开发铁矿富了村

南马冢、北马冢两个村仅隔一条小河沟。南马冢村有 300 户、1 200 口人,有耕地 1 200 亩、山场 7 000 亩;北马冢村稍大些,全村共有 520 户 2 010 人,总面积 2 万多亩。

是上苍的恩赐,这两个村的山上蕴藏有石英矿、铁矿,尤其铁矿储量较大。改革开放后,两个村对铁矿实行了两种经营方法,但结果是同样的:南马冢村把铁矿开采点承包给了个人采挖,集体只收取一定的承包费,结果是不仅承包费收不上来,还造成掠夺性开采,集体资源被严重浪费和毁坏,村集体和村民捧着"金碗"要饭吃,村民们屡屡上访告状;而北马冢村虽然采取了集体经营,村集体开采矿点、办选矿厂,但由于经营管理不善也

处于停产、半停产状态。

不过，进入 21 世纪后，两个村的发展拉开了差距。到建立村级集体财富积累机制，后进村才赶了上来。

2003 年年底，北马冢村两委班子一方面恢复采矿、选矿正常生产，加快回收资金；另一方面，向县有关部门求援，争取资金，翻修道路，更新供电线路，安装了大功率的变压器，开挖了铁矿深井，变过去只是开采地上铁矿为地上、地下一起采，采矿能力较之前提高了 5 倍。2004 年，北马冢村集体收入一下子达到了 800 多万元。在之后的几年中，这个村除开发铁矿外，还依托温塘发展生态旅游，集体经济不断壮大，成为平山县第一个“产值亿元村”。

北马冢村的成功刺激了南马冢村。南马冢村民强烈要求把矿点回归村集体。2004 年，当南马冢村的矿点重新发包时，村集体留下了部分矿点由集体经营，因走的仍是吃“大锅饭”的老路，结果经营亏损。承包到户的 12 个矿点预交 3 年共 100 多万元的承包费，到 2006 年村集体却欠下了 50 万元的外债。2007 年，南马冢村调换了领导班子，开始建立财富积累机制，按照新机制要求，把矿点全部收归集体经营。这次，他们与河北省中盛煤炭运销有限公司联合经营，利润按 37∶63 分成，村集体年收入 3 000 万元。

山区基础设施条件差，经济欠发达，多数村比较贫穷，但也有的地方矿产资源丰富，如果严格按照新机制的设计要求，加强科学管理，合理开发利用好矿产资源，就会实现村集体收入的大幅度增加。

三、开发建设旅游资源型项目

大自然恩赐给人们的生态环境资源，可以通过开发旅游项目，增加集体收入。

井陉于家村靠石头景观游走上了集体增收路

于家村始建于明成化年间，是明代著名政治家于谦后裔的繁衍地。全村400户1 600口人，95%属于于氏家族。至今已有500多年的历史。

步入于家村，俨然走进一座石头王国，石街石巷、石房石院、石楼石阁、石桌石凳、石碾石磨、石桥石栏，家家有石，人人用石，比比皆石。村内300多座四合院，依山而建，各抱地势，高低俯仰，错落有致。4 000多间石头房屋互不相同，3 500多米长的街巷，乱石铺锦，形如碧玉。明清年间建的清凉阁、真武庙、观音阁、全神庙、于氏宗祠等古建筑保存完好。于家村是国家建设部、文物局等单位确定的中国“历史文化名村”和“中国民俗文化村”。常有电影摄制组到此拍戏摄影，美院学生采风写生。

但于家村又是一个有名的贫困村，村内没有一家企业。过去，村集体靠出租1万多亩的荒山荒坡，每年仅收入2.6万元，连村“两委”班子的正常开支都不够，更不用说为群众办事了。村里的护林、卫生保洁等大事小情，都是靠着宗族关系实行摊派，挨家出义务工。2006年村里建立财富积累机制，对集体资产进行了清查，建立了台账，但收入还是很有限。

2007年，在深化新机制中，“两委”班子想到，老祖宗留下的石头房屋建筑，本身就是一笔巨大的财富，利用好了不就可以增加收入吗。于是，他们召开了村民代表会，决定成立于家石头村文化旅游开发有限公司，挖掘村里石头文化资源，搞旅游服务，增加集体收入。开发公司的领导多由村干部担任。公司成立后，他们统一整合了村里的石头文化资源，将村民家里祖上留传下来的石头器具收集起来，建成了于家传统石头文化博物馆，对全村旅游资源做了统一规划，统一收取进村参观游览门票费。同时选出了十几户农家作为餐饮、住宿重点接待户，收入与村集体分成，每接待一名游客，集体提取1元。宣传工作由公司统一负责。仅4年时间，于家石头村旅游就形成了规模，名声大振，吸引了包括北京、天津、沈阳等大城市在内的大批游客前往参观游览，2011年接待游客超过1.5万人，集体年收入达到30万元，比深化建制前猛增了11倍。

集体增收了，村里没有忘记为村民办实事。2011年村里拿出5万元，为全体村民上了农村合作医疗险；拿出2.5万元为200多名60岁以上的老人每人补助100元；拿出1万元，组建了卫生队，统一为全村开展保洁服务。村子越过越红火。目前他们又有了更大胆的设想：把四周荒山开发成新的旅游景点，投资50万元建设一个大型生态停车场，让于家石头村的旅游内容更丰富。随着旅游景区的不断开发建设，集体增收有了更多的保障。

特色乡村游带来了"滚滚"财源——鹿泉市北薛庄村依托特色资源优势发展旅游产业，实现了集体增收

鹿泉市北薛庄村坐落在风景秀美的国家4A级景区抱犊寨山脚下，是一个有160户650口人的小山村。这个村民风古朴，特

色鲜明。至今村里还保存着明清时期建筑50多处200多间和3块清康熙年间石碑。尽管村子靠近旅游景区，资源丰富，交通便利，占尽优势，但过去村集体却守着“金饭碗饿肚子”。2005年村集体收入不足4万元。建立和深化村级财富积累机制使村干部开了窍，打开了依托特色资源发展旅游产业，促进集体增收之路。

2008年，经村民代表会议讨论通过，村里与石家庄优山美地开发有限公司达成了改造旧村、发展乡村旅游的协议。重点对明清时期原生态房屋进行了保护性修缮，对“文昌阁”、“王母庙”、“大王庙”等历史遗迹进行了恢复性抢修，对全村景点进行了统一规划，新建了农家小院。同时，挖掘整理了散落在民间的传说故事、历史典故，形成了完整的以古老建筑为主体，兼有历史和现代、文化气息浓厚、特色鲜明的旅游新景区。

为了把乡村特色旅游产业做大，村里又利用3 445亩的山场，组织种植了2 000亩石榴树，近千亩的大枣、苹果、柿子、核桃、红杏、樱桃等果树，建成了生态农业观光园。园内建有农家美食园、绿色客房等生活服务设施，还有养鸡场。观光园与村里古建筑景区融成了一体，有吃、有住、有玩乐。优美的风景、完善的服务设施，农家采摘体验行，吸引了大量市民和外地游客前往观光、游玩，仅2011年村里就接待游客1.2万人。北薛庄村巧用资源致了富，集体年收入达到65万元。

石家庄市西部山区旅游资源很丰富，像井陉县于家村、鹿泉市北薛庄村这样利用当地资源发展旅游业的村还不少。各地情况不一样，发展的模式和方式也不一样，只要开动脑筋，就能够找到集体增收的好路子。

四、开发建设特色资源型项目

特色农业，是农村最大的资源宝库。农产品生产带有很强的地域性，既有传统产业，也有新兴产业，其价值在于产业的独特性和规模化生产。面对这一独特资源，集体有组织、引领产业发展的责任，更有利用这一资源，实现集体增收的优势。

清明观花，立夏采果——赞皇县鲍家滩村开发荒山种樱桃，举办采摘节，村富民也富

鲍家滩村是个人均不足半亩地的贫困小山村，虽说耕地少，但山场却有3 000亩，浅山丘陵非常适宜种果树。前些年村里搞开发，种了不少苹果和梨树，有收入但不高。2001年，村里来了一位果树专家，看了村里的山场和土质、气候条件，建议种樱桃。第二年一户村民试着种了几亩地，果然很快挂果，一斤卖到20元钱，一下调动起了村民种植樱桃的积极性。

村班子迅速抓住这一机遇，清产核资，建立完善村级财富积累机制，实施集体积累项目，引领发展樱桃特色种植业。2007年，村里发起组建了樱桃产销合作社，指导发展樱桃产业，为果农提供产前、产中、产后服务。把果农组织起来，由合作社统一引进优质种苗、统一购置肥料农药、统一开展技术培训、统一提供栽培管理技术、统一包装销售。

为了提高当地樱桃的知名度，村里申请注册了“嶂石岩”、“红石山”两个品牌商标，以品牌赢得市场。由于品种优良，管理技术规范，樱桃的成熟期比其他地方早半月左右，含糖量高达25%，单果均重10克以上，引得北京、太原等外地客商慕名而

来，果品供不应求。到2011年，村里樱桃种植基地规模已突破3 000亩，辐射到全乡各村。靠发展樱桃产业，集体每年收入达到30万元。

现在的鲍家滩村，樱桃特色种植基地形成了规模。每年四月走进鲍家滩村，就会看到漫山遍野雪白一片壮观的樱桃花；“五一”前后再去，这里就变成了鲜红一片，一眼望不到边的樱桃全熟了。美丽的景观引得众多游人前来观赏。村集体顺势又开展了樱桃观花、采摘节。发展特色产业，集体和村民终于走上了富裕路。

草莓也能成为集体和村民的“摇钱树”——栾城县范台村发展草莓特色产业，“活”了集体，“火”了农家

范台村有545户2 149人，3 110亩耕地。过去，这个村没特色，小麦、玉米一年两茬，温饱是解决了，但就是不富裕。

1998年，村里另辟蹊径，开始引导村民种植草莓。调地块、建大棚，引新种、搞示范，并由集体统一划出草莓种植区，统一反租倒包到户。在集体组织引领下，草莓产业很快就形成了规模，到2007年草莓基地发展到2 000亩，产品被河北省认定为无公害农产品。

2008年村里成立经济合作社，把草莓产业作为了一项重要的增收资源型项目来运作，与周边县的大石桥、柏林禅寺等旅游景点结合，举办采摘节。采摘节期间，各地游客络绎不绝，目前年接待游客超过20万人次。随着产业的发展，集体和村民收入大幅度增加，2011年村集体收入达到28万元，农户增收150多万元。小小草莓特色产业，使集体有了积累，农民增加了收入。

开发利用特色产业资源,促进集体增收,在石家庄并不鲜见。赞皇县、行唐县的几个村利用大枣基地举办红枣采摘节,平山县葫芦峪村开发万亩生态农业旅游,赵县几个村利用梨区举办梨花观赏节,晋州市周家庄乡利用已形成的葡萄、苹果、梨果种植基地举办采摘节等。成功的经验给人以有益的启示:无论是天赋的自然资源,还是新形成的特色产业,都可以发挥其优势,兴办财富积累项目,实现集体增收。目前石家庄市有“一村一品”特色专业村 561 个,特色产业涵盖农业生产的方方面面,开发利用好这些资源,就为农村集体开辟了新的增收途径。

第三节　利用社会资源开拓项目实现增收

资源不仅包括自然资源,还包括社会资源。社会资源有有形的,也有无形的。人力、物力、财力、场地空间等都是有形的社会资源,而技术、知识、组织、社会关系等即是无形的社会资源。在市场经济条件下,从事经济活动不可能离开社会资源。在深化村级集体财富积累机制改革中,石家庄市的许多村经济合作组织就较好地利用了社会资源,成功地实施了不少集体财富积累项目,为村集体增加了收入。

一、利用区位资源优势建设商贸服务设施

在建设集体财富积累项目过程中,有不少村充分利用本村的区位空间资源建设商贸服务设施,就取得了很好的成效。

晋州市西队村利用地处梨区的优势,集体投资建冷库,年租

赁收入20万元

西队村位于晋州市的梨果主产区，全村363户1 400口人，2 000亩耕地全部种植了梨树。这个村工业也较发达，全村有民办企业40多家。

2006年建立集体财富积累机制，规范了集体资产管理，村集体比建制前年增10万元。2008年深化机制时，成立了经济合作社，立足本地优势建项目，为集体增收。

经过反复讨论酝酿，他们选择了建冷库项目。因为这里是梨果区，仅所在的马于镇就有梨果25万亩。梨果下树后需要冷贮，尔后错季择期出售增收。

建冷库需要130万元，合作社筹资30万元，其余100万元资金从哪儿找？他们以村集体300亩果园作抵押，向信用社贷款。办理了村集体果园林权证，经信用社对果园的林权进行资产评估后，取得了抵押贷款。

2008年11月份开工建设一座贮量为750吨的冷库，2009年5月竣工。汲取以往集体经营失败的教训，他们选择了冷库整体出租的办法，虽然利润低一些，但无风险，比较稳妥，年租金收入30万元。每年从租金中拿出15万元还贷款，另外15万元作为集体积累，用于村里公益事业的投入。

辛集市支方村利用邻市区位优势，建沿街写字楼、门市，年出租收入220万元。

支方村紧邻辛集市市区，现有420户1 600口人，耕地710亩。该村原有耕地1 810亩，在1992～1993年建皮革商业城时，辛集市政府以很低的标准，征收了村里200亩土地。2000～

2005年,随着城区迅速向外扩展,市政府又先后以12万元～17万元的标准,将900亩土地收储为国家建设用地。

随着城市的快速发展,城郊村的土地资源不断减少。因为有20世纪八九十年代搞乡镇企业的教训,村集体直接办企业、搞商业缺乏经营管理人才,在市场竞争中不占优势。于是,他们利用本村紧邻市区优越的地理位置,沿街建三产服务设施,对外租赁,村集体既无市场风险,又能取得长期稳定的收入。经村民代表会决议后,以每人2万元的标准,将一部分土地补偿费发放给了村民。村集体利用余下的土地补偿费先后共投资5 000万元,沿兴华路、安定街、方碑街等市内交通主干道两侧属于本村所有的地段,建了写字楼、家具城、洗浴城等服务业经营场所和沿街门市,合计2万多平方米。这些商贸设施建成后全部对外租赁,年均收入租金220万元。

集体有了这些稳定收入,给60岁以上村民每人每月发放50元的养老金,给全体村民每人每月供应5吨免费水,村建的农业服务队为村民种地耕、种、收、浇水等提供免费服务。

西队村、支方村都是利用各自区位优势,发展财富积累项目,增加集体收入。事实证明,区位优势也是增加集体收入的经济优势。

二、发挥人际关系资源优势创办企业

人际关系是社会资源中的重要资源。兴办财富积累项目,离不开各方面的支持和帮助,也需要有经营人才。这几年,不少村巧用了这方面的资源，成功兴办起了财富积累项目。

平山县拦道石村发挥“革命老区”人脉优势，争取资金上项目，集体年增收80万元

拦道石村地处平山县西北部的太行山深处，全村126户430口人，仅有挂在山腰上的180亩“望天收”和7 000多亩的贫瘠山场。过去，村民生活极度困难，脱贫致富的愿望十分迫切。分田到户时，村集体仅有的一点资产也分没了，致富仅是个梦想。新机制的建立为他们拓展了思路，经过反复商讨，认识到革命老区的人脉是村里最大的财富。

抗日战争时期，中央北方分局书记处就设在拦道石村，现在的不少老首长及其他们的子女们都在这里战斗或生活过。于是，村里就到北京联系这些老关系，请他们帮助谋划项目，协调帮扶资金，支持村里发展。在他们的帮助下，争取到林业部门支持，开发了山场，种上了果树；争取到水利部门支持，建起了小水电站；争取到旅游文化部门支持，发展了旅游产业。

村里开发出1 000多亩荒山，栽上了苹果、中华寿桃，至今已形成规模，有了很好的经济效益，每年为村集体增收20万元。

先后投资共280万元，将卸甲河截流形成落差，凿出山洞引流，建成了小水电站，上了全自动化发电机组，并网发电，每年为集体带来收入40万元。

投资120万元，沿卸甲河建立起了长达3公里的河道漂流和800米的山洞漂流项目，还建起了游泳池、垂钓场和溜索等娱乐项目。投资100万元，建起了宾馆旅游服务设施。旅游开发为村集体每年又带来20万多元的收入。目前，这个村正在发展果园采摘项目，培育新的集体收入增长点。

辛集市新垒头村利用人际关系优势办起三家股份公司

前述辛集市新垒头村在深化财富积累机制时，曾办起了5家股份有限公司，为集体增收160万元。这些企业能顺利办起来，其中3家是巧用了人际关系。

跃升商贸股份有限公司，是新垒头村经济合作社利用与奥森集团的特殊人缘关系办起来的。奥森集团是一家大型钢铁企业，需要大量铁粉原料，集团总部就在本村工业小区。公司高层领导与村里关系一直很好，凭着这一特殊关系，村里便与奥森商定，由村经济合作社为公司提供部分铁粉原料。对此，合作社组建了跃升商贸股份有限公司，专营铁粉生意，增加了集体收入。

德丰工贸股份有限公司，是村集体利用与一家大型果汁企业的人际关系办起来的，这家果汁企业也入驻在本村工业小区。公司承揽了果汁企业每天六七十吨的燃煤供应，并回收果渣，生产畜牧饲料，增加了集体收入。

博瑞药业股份有限公司，是利用本村两位村民与北京一位老教授的特殊关系办起来的。这位老教授有一项畜禽饲料添加剂专利技术，想找合作伙伴建企业，把自己的技术成果转换成产品。两位村民就想与老教授合伙办企业，但无合适场地，资金也不足，于是，村经济合作社就参与了投资建设。

平山县拦道石村充分利用革命老区这一特有的资源，争取资金兴办财富积累项目，辛集市新垒头村充分利用与驻村企业的良好人际关系，兴办财富积累项目的典型事例，给人以启示。兴办财富积累项目不仅要用好看得见、摸得着的有形资源，也要用好无形的社会资源。多种资源聚合，就能找出好的项目，实现集体增收。

第四节 集体经济为新农村建设奠定基础

深化村集财富积累机制，统一经营步伐迈得更加坚实，农村集体收入实现了持续稳定增加。随着集体经济的不断壮大，“统”的功能不断增强，村集体在推进新农村建设中起到了越来越重要的作用。

一、农业生产条件逐步改善

集体有钱办事了。这几年，石家庄市农村农业基础设施建设步伐加快，农业生产条件有了明显改善。

辛集市倾井村地好浇了，田间路好走了

倾井村是个拥有1 520户人家5 460口人，耕地12 000亩的大村。前些年，因村班子对占地1 100亩的集体果园处置不当，引起群众上访告状，果园被迫撂荒；村子内部管理混乱，外欠43万元，账面只有1 000元钱。通过建立村级财富积累机制，查清了家底，完善了集体资产管理制度，清收了380户村民欠集体的6万多元提留尾款，公开竞标承包了集体果园，村集体增收27万元。

2008年，村里开展机制深化工作。成立了集体经济合作社，规划建起了两个集体增收项目：一个是开辟出150亩地，兴建了鑫星奶牛养殖小区。小区向养殖户优惠出租牛舍和场地，吸引了周边15个村的养殖户入区，存栏达1 300头。第二个是建立了占地1 500亩的倾井工业区，向入区工商企业户收取租金。两个项目的兴办，新增集体收入29.5万元。

集体有了固定收入来源后，他们开始为群众办实事。一方面投资建设文体活动场所，组建舞狮艺术团，活跃群众文化生活。一方面建设改造农业基础设施，改善生产条件。几年中，村里连同争取到的“加强灌溉农业建设”世界银行无息贷款项目，累计投入850万元，综合开发了1万多亩耕地，配建机井220眼，铺设防渗管道9.8万米，硬化田间道路5.5万延长米，在田间路边栽植经济林17万株，农业基础设施建设上了一个大台阶，农业生产实现了旱涝保收、稳产高产。

集体出资27万，争取上级资金360万，村民捐资13万，这个村7 000多亩中低产田改造完成了。——藁城市土山村兴建农业基础设施情况

土山村工农业不发达，有1 340户6 670口人，耕地面积7 300亩，种地是这个村庄人们的主业。

这个村的农田灌溉设施都是生产队时留下来的，年久失修，浇地难成了村里的大问题。对此，村里的党员、村民多次通过不同方式向村“两委”提意见，要求维修改造老化失修严重的农田灌溉设施。但因集体资金不足，一直未能解决。

2008年深化财富积累机制，村里每年有了30万元的收入，除了保证基层组织正常运转外，还有少量结余。这一年市里恰好有一个中低产田改造项目，总投资400万元，铺设防渗节水管道4.3万米，修整农田道路20.5公里。国家投资360万元，需要自筹施工费40万元。于是，村里及时召开了村民代表会研究、讨论，一

致同意上这个项目。但是村里建立新机制后，节余的积蓄只有27万元，全由集体出资有困难。对此，村里又召开村民大会讨论，征求意见。村民一听说上中低产田改造项目，非常赞同，很快确定了村集体出资27万元，不足部分由全体村民每人出资20元，集资13万元解决的方案，最终这件大事搞成了。

看着眼前宽畅田间道路，先进的节水灌溉设施，美丽的田间林网，茁壮成长的庄稼，想着丰收的果实，村民们一个个开心地笑了。

这两年，石家庄市各地农田基本建设高潮不断，很重要的一点，就是得益于深化村级集体财富积累机制后，增强了集体统一经营的功能，集体收入增加，有了干事创业的能力，解决了一家一户干不了、干不好的事。

二、农民生活质量显著提高

深化村级财富积累机制，农村集体资产的运作方式，由过去单纯的承包、租赁，转变到主动经营，提高“造血”功能的发展轨道，农村集体积累实现了持续增加。有了后续可预期收入的保障，村集体更有“底气”为群众办事了，从而带来了农民生活质量的改善和提高。

辛集市雷庄村出行方便了，村容村貌整洁了

雷庄村位于辛集市最南端。过去，村内四条主街路面大坑小洼高低不平，一下雨村民就出不了村；出村道路被乱挤乱占，车辆无法通行；村集体没有收入，村里10年来没有变化，村庄“脏、乱、差”，群众十分不满。

2007年3月，新班子上任后，着手建立了财富积累机制。2008年村里成立集体经济组织，随后干了四件事：一是将村东占地27亩的原集体食品厂，划分为6个经济片，竞价出租，收入租金16万元；二是将村集体的90亩果园，通过公平、公开方式竞价承包，获得承包金9.1万元；三是挖路槽填坑造地，出租承包，增加了10万元集体收入；四是对村里各条沟渠，通过竞标方式拍卖绿化权，又增加收入11万元。四件事办成后，雷庄村有了46.1万元的集体收入，为建设发展村庄提供了条件。

2008年，村里请市规划局对全村进行了重新规划。多方筹资，将村内四条总长2 000米、8米宽主街道进行了硬化，在路两侧建成了排水沟，解决了群众行路难问题。投资6.5万，硬化了村内四条总长1 130米的东西小街，安装了路灯。同时，成立专业队，雇用推土机、挖掘机整修了6 000米出村道路；清挖了村北排水沟，建桥两座，方便了群众出行。村里还成立卫生管理小组，组建卫生保洁队，定时清扫卫生，清运、填埋垃圾。有名的“脏、乱、差”村，一跃成为环境整洁、干净美观的新农村。

晋州市尹家庄村发生了新变化

尹家庄村是个乱村。这个460户1 780人的中等平原村，曾在9年时间里换了六任党支部书记，“两委”班子长期处于半瘫痪状态。村里3条出村路都是土路，风天一身土，雨天一身泥；供水管道坏了无钱维修，村民只能到邻村拉水吃。很多村民怨声载道，上访告状不断，乡村干部经常被村民围攻，干群关系紧张。

2008年，新班子上任后，找准深化建立财富积累机制这一突破口，建立了集体经济合作社，在镇政府10万元扶持资金帮助下,办起了阀门加工厂,当年就实现盈利15万元。2010年,尹家庄阀门厂年利润达到50万元。目前,村阀门厂已拥有固定资产300多万元、流动资金400万元,年创利税70万元。村里的困难户、残疾人没有工作的,村集体经济合作社统一安排到村办企业上班,年工资7 000～10 000元,实现了人人有钱挣、家家无闲人,农民收入也逐年提高,不少农户搬进了二三层别墅式小楼,全村购置小汽车达30余辆。

集体富了,不仅还清了外债,而且先后投资200多万元翻新了“两委”办公室,修通了3条出村公路,硬化了村内所有街道,并全部绿化,村内主要街道安装了路灯。为了让村民喝上洁净的地下水,村里新打了300米深的吃水井,全天候免费供水。村里还购置了大型发电机,成立了卫生队,为小学校新建了取暖设施。村民吃水、用电以及村里的路灯费、卫生保洁费全部由集体负担。2010年,村里建成了占地2 500平方米的文化活动乐园,有篮球场、乒乓球场,购置了健身、娱乐器材,组建了80多人的鼓乐队、秧歌队,村里还为安装有线电视的农户补贴初装费,为建沼气池的农户补贴建设费。村内群众文化体育活动丰富多彩。短短几年时间,村里就发生了翻天覆地的变化。

矿区贾庄村成为社会主义新农村样板

贾庄村是贾庄镇政府所在地。全村1 345户4 654人,3 700亩耕地。村子紧靠井陉矿区,区位优势明显,村办企业起步早,是全国五大炭黑生产基地之一。2007年,按照上级要求,村里全面建立了财富积累机制,2008年又进行了机制深化,集体收入不断增加,实力不断增强。2011年村集体收入达到300万元。

集体经济的壮大，为新农村建设打下了坚实基础。几年来，村里筹资3 600万元，开发建设了15栋多层住宅楼，以每平方米补贴50元的优惠办法，鼓励农户投资683万元自建了46栋二层楼房。投资610万元，硬化了村内15条街道，主要路段安装了路灯，并进行了沿街、沿路绿化；建设了供水、排污设施，埋设管路28 000多米。投资300万元建成了农民公园、中心广场、综合性文化广场舞台，美化、亮化了村容村貌。投资250多万元，建设了综合教学楼，为村卫生所配备了医疗设备，公益服务设施日益健全完善。

在加强硬件建设的同时，村里还十分注重软件建设。每年投资60万元，为在村办股份企业中签订劳动合同的职工办理合作医疗险，落实了农村养老保险待遇；为达到退休年龄的村民发放退休补助金。还定期向100多户失地村民发放生活保障金，每年20多万元。

现在的贾庄村，无论村容村貌，还是服务保障，都发生了巨大变化，成为新农村建设的示范村。

以上仅是石家庄市新农村建设的几个实例。生活在石家庄的人们，都能切身感受到身边实实在在的变化：村里的土路变成了水泥路；过去农村中长期存在的柴草乱放、粪土乱堆、垃圾乱倒、脏水乱泼、畜禽乱跑“五乱”现象明显减少，村容村貌变美了，环境整洁干净了。在村民公园、村民活动中心、文体活动室、图书室，活跃着一支支民间艺术表演队，展现着农民一张张发自内心的喜悦笑脸。村集体的力量在这里得到了充分体现，深化村级财富积累机制取得了实实在在的巨大成效。

第七章　发展村级财富积累机制

改革开放30年，中国国力极大增强，工业化、城镇化步伐加快，中共中央适时提出破除城乡二元化结构、统筹城乡一体化发展战略，指明了农村发展的方向。

为适应新形势的发展需要，我们在建立和深化村级集体财富积累机制的基础上，适时将这项改革推向了以城中村、城郊村、经济发达村和出让土地较多村为重点，以加快产权制度改革为主要内容，以启动资本运作为重要抓手，加强农村集体经济组织建设，促进农村集体统一经营，壮大农村集体经济实力的新阶段，为农村全面建设小康社会发挥更大的作用。

第一节　发展财富积累机制的基本思考

随着工业化、城镇化进程的加快，许多城中村、近郊村逐步融入城市，城乡人口流动加剧，农村小区居民结构日趋复杂，很多小区外人口通过各种途径进入小区，分享村社集体经济快速积累的收益；一些被征占土地较多的村，出现了比较严重的集体与村民、村民与村民之间的利益分配矛盾，如何保障村民占有集体资产的合法权益问题越来越突出，村民要求理清个人与村集体资产关系的愿望也日趋强烈。新的形势迫切要求发展财富积累机制，明晰集体资产的产权归属，实现集体经济更好的发展。对此，我们在建立和深化村级财富积累机制后，又在城中村、城郊村、经济发达村和出让土地较多的村，开始探索实践以推进产权制度改革为主要内容的发展新机制。

推进农村集体经济产权制度改革，需要具备两大前提条件：一是确立农村集体经济组织的法人地位；二是明确农村集体经济组织对集体资产的完全产权。如果农村集体经济组织只有名而无实，那它就不能有效行使其职能；如果农村集体经济组织对集体资产没有完全产权，即与市场经济规则相违背，也无法保障集体资产安全。这两个问题仅靠农村自身内部是无法解决的。

《宪法》肯定了农村集体经济组织的法律地位，相关政策也对农村集体经济组织的职能有所表述，但并未给予其合法的法人地位，也没有界定其组织形式、机构设置、运行程序等具体内容，农村集体经济组织实际上处于一种有名无实的尴尬处境。为此，许多专家、学者建议国家从法律层面上作出修改。农业部课题组在《推进农村集体经济组织产权制度改革》(《中国发展观察》,2006 年第 12 期)报告中写道："由于在原农村集体经济组织基础上改革而来的股份合作经济组织，就其性质而言，既有别于以营利为目的的工商企业，也有别于非营利性质的社团组织，很难归类于《民法通则》中规定的 4 种法人中的其中一种，致使其登记注册发生困难。解决的办法是法律上再增加一种法人，如合作社法人，这在国际上是有例可循的。"

产权理论认为，没有基于产权制度的根本性改革，任何组织形式创新都会因缺少根基和保障而流于形式，难以奏效和持久。产权模糊一直是农村集体经济组织存在的一个重大问题。我国法律没有规定农村集体经济组织的组织形式。对运行机制，《宪法》也只是规定了“集体经济组织实行民主管理，依照法律规定选举和罢免管理人员，决定经营管理的重大问题。”缺乏可操作性。传统集体经营模式虽坚守了合作制的本质，但把合作制那种由劳动者积累的财产共同所有的“弱点”放大了。产权虚置导致集体财产“人人有份却人人不管”，造成无端浪费和严重流失。新建立的农村集体经济组织如何汲取教训，创新组织形式和运行机制，是发展村级集体财富积累机制所要解决的核心问题。

创新农村集体经济组织，决不能抛弃合作制的本质，这就决定了它必须兼具发展集体经济和开展小区公益事业的双重职能。把它变成单纯谋取利润为目标的“纯粹”股份制和公司制都是不可取的，而是要在合作制的基础上揉进一种“产权明晰”的机制，即农村股份合作制，改制后的集体经济组织叫做农村股份经济合作社。

张文茂教授在《社会主义新农村建设需要改革和发展农村集体经济》（中国特色社会主义研究，2006 年 5 月）一文中写道：“这种改革的本质是，改变农村集体经济过去那种村社自然人天赋产权式的公有制，为劳动者的份额共有制，实现集体资产在成员间的份额共有。较理想的形式是小区股份合作制（不是一般意义上的股份制）。农民在这种新型集体经济中的财产份额是量化的、清楚的，即所谓产权明晰，不像旧模式的模糊；甚至农民的土地承包权也可以股权化，为土地承包权的股权化流转建立制度基础；改革后的集体经济组织的成员边界也是确定的，不像旧模式的生在哪个村，上了户口就自然是集体成员，天赋产权，生不带来，离不带走的村社社会所有制。”

产权不明晰，利益无法保障，极易引发农村的不稳定。

裕华区大马村为分 2.4 亿征地款，闹成了一锅粥。——集体财产产权不清引发的一桩事件

全村 658 户 2 400 人的裕华区大马村，位于省城东南部，过去是近郊村，现在已是城中村了。2005 年，按照城市发展规划，石家庄市政府以每亩 25 万元的标准，统征了大马村集体土地 947 亩，村集体一下子拿到了 2.4 亿元土地补偿金。

“这一次几乎把村里的地征完了。这可是全村人最后的一笔生存钱，他们村干部拿着不行，万一像别的村那样给挥霍光了，咱老百姓就苦了。就得分，全分光。”全村村民强烈要求。

区委、区政府说不能全分，要按以往的政策，三分之一用作解决村民的养老保险，三分之一留作村集体经济发展，三分之一分给村民。村民们不同意，怨村委会窝囊，便开始要求罢免村委会，围攻区委工作组，上访状告区政府。全体村民投票表决，三分之二以上同意罢免村委会，于是村委会被迫解散了。

就是三分之一分给村民，这笔征地款究竟该怎么分？村民内部也炸了窝。

“我在村干了一辈子，为村出了那么多力，跟刚出生的孩子一样分，那不行。”村里的老人户与新增口添丁户意见不一致。

“俺们老祖宗就是这个村的。那几户是看着俺们村成了市里村，走后门把户口从外边硬迁到了村里的。他们也跟俺们一

样分老祖宗的家产，办不到。”老村户与迁来户也闹起了矛盾。

“出了嫁赖着不走，生了孩子，还把外地的女婿也弄来了。分给她本人行，孩子和女婿不能分。”“闺女户”和“男丁户”也产生了隔阂。

于是，村民分成了好多派，老村民一派、迁来户一派，“闺女户”一派、“男丁户”一派，全村上下吵吵嚷嚷，闹成了一锅粥。一时人心涣散，思想混乱。

这就是城市化过程中，由于产权不明晰，为了经济利益分配，村民之间产生的矛盾，这种矛盾急需进行产权制度改革加以解决。

农业部课题组在《推进农村集体经济组织产权制度改革》(中国发展观察，2006 年第 12 期)一文中指出：“股份合作制创建了一种既保持小区集体资产统一完整，按份占有，又使小区集体经济组织与每个小区成员具有‘看得见，摸得着’利益纽带关系的产权制度。”“从目前农村集体经济组织所承担的独特的社会经济功能和其存在价值看，农村集体经济产权制度改革，选择股份合作制比股份制更符合现实逻辑。”

把农村集体经济组织的改革目标选定为股份合作制，并不是把股份制和合作制机械地拼凑或简单地叠加在一起，而是有机融合，是使合作制的机体容纳股份制的合理内核。这种股份合作制，有效利用了股份制产权量化程度高、产权明晰的特点，把过去虚置的产权实在化，明晰了社员个人的产权份额及产权边界，克服了集体资产产权模糊的弊端；同时，又不失合作制追求经济利益是为了服务社员的职能，把创造的经济收入用于农村小区公益事业上，是二者的有机结合、优势互补，是农村集体经济组织改革较为理想的形式。

股份合作制将给农村集体经济组织提供自我发展的动力。股份经济合作社将集体财产折股量化到人，实行按股分红，社员就拥有了明晰完整的集体财产所有权和收益权。从关心自己经济利益出发，社员就会关心由谁来代表全体社员去经营集体财产，用这些财产去做什么项目，采取什么办法和措施去管理，怎样经营资产才能实现收益最大化，这些经济收入如何公平合理地分配和使用等一系列问题，这将极大地促进民主选举、民主决策、民主管理、民主监督运行机制的健康运转。不但使社员拥有了选举权、管理权、决策权和监督权，还使农村集体拥有更大的凝聚力和向心力。正如社会学论文网上题为《论通过农村产权制度改革促进农村集体经济发展》论文中所说："这一产权安排，具有明显的经济绩效。首先，社员享有了收益分配权，从根本上解决了长期以来集体经济与社员利益关系不紧密的问题，提高了农民对集体经济的关注程度和参与集体资产经营管理的积极性。其次，一人一票的决策权配置，使得农民的民主权利得到了体现。第三，农村干部的权力受到了制度的约束和民意的监督，增强了工作的责任感，较好地克服了决策的主观性和随意性，抑制了铺张浪费，保障了集体资产的保值增值。第四，理顺了农民和集体的关系，减少了小区集体对农民的束缚，促进了农村劳动力的流动，推动了城市化的进程。"

股份合作制可以较好地解决传统集体经营模式缺乏原动力这一核心问题。张文茂教授在《社会主义新农村建设需要改革和发展农村集体经济》（中国特色社会主义研究，2006 年 5 月）

中说："中国农村现代民主制度发育的真正的经济基础也在于此。"

第二节 实施股份合作制改革

为了发展村级财富积累机制，创新农村集体经济组织管理体制和运行机制，增加农民财产性收入，我们结合实际，组织制定了相关规范性方案，指导推进农村集体经济产权制度改革。

一、股份合作制改革特点

从改革的内容上来说，前一步改革成立村经济合作社，主要是为了理清农村集体经济组织与党支部、村委会的关系，规范对集体财产的经营管理，促进集体资产保值增值，增加集体经济收入，为社员提供服务。这次改革，是在近年来农村经济社会发生了新的变化，一些农村集体土地大量被征用的新形势下，针对集体经济收益大幅提高，以及在"村改居"、"城中村改造"中暴露出的集体财产产权不清、利益分配不公，职责不明、民主监督不力等许多深层次矛盾，解决如何通过农村集体资产的管理体制创新、经营机制创新和分配制度创新，建立起与市场经济接轨的产权清晰、权责明确、政企分开、管理科学的新机制，最大限度地保护集体经济组织及其成员权益的问题。

从改革涉及的范围来说，深化阶段，重点是在所有农村普遍建立农村集体经济组织，为农村进入市场奠定基础。这次改革，重点是在城市化进程较快，已经实行了"村改居"的城中村和即将实行"村改居"的城郊村，以及经济发达村和国家已经征用了部分土地，并且集体拥有一定数额土地补偿金的村，进行股份合作制改革；对一般农村来说，主要任务是进一步巩固、完善农村经济合作社，积极发展经营项目，努力增加集体收入；对少数贫困村，仍可由村委会代行村集体经济组织的职能，重点是加强民主管理和监督，进一步规范财务民主管理和村务公开。

从组织管理机构及制度设计上来说，股份经济合作社比经济合作社更具活力。在股份经济合作社内部，确立“三会”管理模式，建立社员（股民）大会、董事会和监事会，形成所有权、决策权、经营权、监督权“四权”相互制衡机制，将大大提高集体财产的管理水平和经营效率。

村社公用经费和公益事业建设费用，在利益分配中将进一步得到保障。村社公用公益事业费用在股权设置上，是设置集体股分红提取，还是不设集体股，而在分配中优先提取公积金、公益金，提取占多大比例，由社员大会确定。股权可规定在一定的时间内固化，同时也要规定进行再调整的条件。

产权制度改革具体操作环节分六个步骤：①清产核资；②量化资产；③股权设置；④股权界定；⑤股份分配；⑥成立股份合作经济组织（社），建立法人治理结构。

近几年来，石家庄市在城中村、城郊村、经济发达村及国家征用土地较多的村，先后组织完成了 80 个村的集体资产股份合作制改革，改革逐步进入高潮。

二、股份合作制改革实例

“城中村”桥西区东简良集体财产变股权，村民成了股东

东简良村位于石家庄市区西部、石太铁路南侧、西二环北路

西侧。随着城市的迅速拓展，村集体的土地被逐步征占，村集体收入却快速增长。村领导班子抓住时机，大力发展商贸服务业，先后建成了木材市场、钢材市场、桥西蔬菜批发市场、食品城等一批第三产业，集体收入逐年增加。

集体收入越来越多，随之产生的问题也越来越多。名义上村集体的资产是村民人人有份儿，可每个人有多少、每年从村集体总收入该得多少利，谁都不清楚，村民要求多分收益的呼声越来越高，心情越来越迫切。在城里工作的人要把户口往回迁；本村的姑娘出嫁不迁户口，还招来上门女婿，生了孩子；不是本村的，千方百计通过各种关系向村里挤，村干部挡都挡不住。“粥”多招“僧”来，村民们有意见，村干部也最头痛。

以前，村里也想过多种办法解决这些问题，但就是解决不了。东简良村认识到，要解决这些难题就必须进行产权制度改革。

为制定改革方案，汲取外地经验，村组织党员和村民代表到外地先进村进行学习考察。在上级部门的指导下，经过多次召开党员会、村民代表会，制定出了改革方案，并邀请有关专家进行了可行性论证。

按照方案，东简良村按以下步骤组织实施：

第一，清产核资。村里成立了专门的清产核资小组，聘请有资质的中介机构，对属于本村集体的资产，包括固定资产、流动资产、未征用的土地，全部进行了清产核资，弄清产权归属，评估资产价值，彻底摸清了村集体的家底，并向全体村民公布，接受村民监督。经过清产核资，东简良村确认，村集体拥有财产5 300余万元，其中土地以其收益纳入总资产。

第二,股民资格认定。东简良村确定了统一的股民资格认定时间,凡在截止时间前是本村村民、与本村有分配关系、享受村民福利待遇的村民,才具有股民资格。经过认真、严格、反复核准,至截止日期,认定全村 3 468 人中 2 070 人具有股民资格。在截止日期前亡故和在截止时间后新添的人口,都不享有股民资格。

第三,股权的配置。为了公平,东简良村把村民个人股份细分为基本股、劳力股、工龄股、现金股四种,并确定了每种股在全村集体总资产中所占份额比例。

基本股,是指凡具有村民资格的人都平等享有的股份。这种股份体现了村集体对村民生存权的保障,也体现了村民对先辈资产的继承权。基本股占总股本的 30%。

劳力股,是指至截止日期,年满 18 周岁的村民平等享有的股份。劳力股主要体现的是年龄的差别,占总股本的 35%。

工龄股,是指至截止日期止,18 周岁以上的村民享有的股份,它体现了对集体财产形成的贡献。工龄从村民 18 周岁开始计算,至截止日期,村民在村集体工作的年限,最长 10 年。工龄不足 10 年的,以实际工龄计算。工龄股占总股本的 30%。

现金股,由配送股和风险股构成。年满 18 周岁的村民,可用现金购买现金股,并将集体财产的 5%作为配送财产,配送给购买风险股的村民,配送比例为买 2 股送 1 股,个人得 3 股。每名劳动力可买 24 股,配 12 股,共享有 36 股。依据公司法规定,公司董事会、监事会成员持有的风险股份,是普通股民的 1~10 倍。

第四,股红分配。股红按照经营收益情况进行分配,盈利共享，风险共担。当年股份资产收益在缴纳所得税后，如果上年有亏损先补足亏损，足额提取公积金和公益金，满足集体公益事业发展、新上项目建设、行政事业开支和工资福利发放后，剩下的盈余按股分红。

第五，股份管理和处置。股权界定后，基本股、劳力股、工龄股的股权处置，采取一次性配置的办法来固化，即“生不增、死不减，迁入不增、迁出不减”，之后的新落户者只能购买现金股。任何持股者不得抽资退股，但可以继承、转让和馈赠。持股者不论今后身份如何变化、是否居住本地，其本人的股东身份不变，并继续享有股份收益权。

第六，资产经营和管理。依照公司法，村集体依法注册成立河北东鑫实业有限公司。公司按照公司制度，由股民代表大会选举产生董事会、监事会，再选举董事长、总经理，并按公司运行机制，对原集体资产实行统一经营管理。村民承包经营的耕地作为股份，统一经营使用，参与股红分配。

村集体资产实行股份制之后，公司严格按照公司制度运作。村民按家庭推选股民代表，公司每年至少召开一次股民代表大会，向股民报告项目建设、财务收支、经营运行情况，由股民代表评议董事会、董事长、总经理的工作。同时，公司提出下一年度项目建设计划，公积金、公益金提取数额，股红分配计划等，由股民代表讨论、审议、决定。遇有重大事项，随时召开股民大会。

鹿泉市小李庄村的股份合作新模式——全村统筹、队为基础，征租合一、统一补偿，只清产核资不评估作价，增设土地股、经营股，只定股份不计股值，股权生得死失、不得继承转让鹿泉市小李庄村是太行山脚下的一个小山村，西靠大山，东临平原，离石家庄市区仅5公里。全村现有178户，730口人，耕地730亩，山场1 800亩。过去，这里交通不便，水源缺乏，经济不发达。由于省城西拓，村里土地开始被零星征、租。近三年来，随着山前大道、槐安西路建成通车，这里被规划成石家庄市西部山前生态新区，一下子成了抢手的开发热土。国家征地建公用设施，开发商们也蜂拥而至，村里的土地不断被征占，地价也随之飙升。

2000～2009年，村里土地先后被征占40亩、租赁273亩。由于时间跨度长，被租赁地补偿数额不一，低的每亩300元，高的达1 200元，村民们经常为征、租地款的分配闹矛盾。2009年之后，地价飞涨。恒大集团以每亩8万元的价格征用了村200亩土地，群众为如何分配征地款的矛盾更大了。

按户口分？“那不行。闺女外嫁了，该把户口迁走的不迁，女婿也来村落户了，孩子也上了户口，能跟俺们古辈传流就是这村的人一样分吗。”按人头分？“那也不行。俺在村集体干了30年，那集体的财产都是俺们流汗出力积累起来的，能跟现在刚出生的孩子一样分吗。”按承包地分？“那也不行。他家分地时分的是5口人的地，仨闺女都出阁了，老伴也过世了，现在就剩他一个人了；俺家分地时也是5口人，现在仨儿子都结婚了，又都有了孩子，全家12口人了。那新增的人口没有承包地就不是本村村民啦。”为分钱，村民们十户一群、八户一伙，在街上议论纷纷，村里召开过多次村民代表会净是吵闹会，都无果而终，不欢而散。为此村民到镇里、市里上访告状。

“这根本的问题就在于产权不清，看来就得跟‘城中村’那样非进行股份合作制改革不可了。”村“两委”班子下定了决心。

进行股份合作制改革，一些“城中村”已经进行了这项工作，是照搬它们的模式还是学习汲取它们的经验？经过认真研究后，村班子认为，人家“城中村”土地都已经被征用变成了土地补偿金，农民已经变成了市民，人人可以享受城市最低生活保障了；而本村被征、租的土地只占一小部分，绝大多数村民还有承包地。因此，不能完全照搬，只能学习汲取他们的经验，从自己的实际出发，探索适合自己实际的改革模式。

一是全村统筹，队为基础。首先理清全村现有资源、资产的权属关系，这是进行改革的基本前提。把集体资产量化到个人，最主要的是土地出让金和土地租赁费。如果以村为单位平均分配，多数村民有意见，造成新的不稳定因素。因此，小李庄村在制定改革方案时，实事求是地确定了“全村统筹、队为基础”的原则。

所谓“全村统筹”，就是以村“两委”班子为核心，组成改革领导小组，制定统一改革方案，对全村集体经济统一进行股份合作制改革。同时，对股民资格界定、股权设定、股份配置制定统一原则。改革完成后，成立村集体经济组织，对全村集体经济进行统一经营。

所谓“队为基础”，就是当土地出让或租赁后，按股份分配土地补偿金、租赁费时，土地原属哪个生产队的，哪个原属生产队的社员才具有收益权。

二是征租合一，统一补偿。之所以要进行股份制改革，是因为随着工业化、城市化步伐加快，农村最主要、最值钱的土地由过去的“不动产”逐渐变为了“动产”。土地被占，有的属于征用，有的属于租赁；有的先被征、租，有的被后征、租；征用给的是土地补偿金，租赁付的是租赁费。占用形式不同，价格不同，差距很大。有的家庭承包地已被占用，有的家庭承包地未被占用。土地承包者的利益不能损害，但土地又是农村重要的社会保障。如何公平、合理地分配这些收益是一件很难的事。

通过多次召开村民代表大会，讲解学习现行法律和政策，反复测算和协商研究，这个村制定出了这样一个办法：不论是征还是租，对户一律按租对待；不论征、租价格是多少，凡占了村民承包地的，均按每亩每年 1 000 元的标准，一次性补偿到宪法规定的 30 年承包期满，以前不足 1 000 元的补至1 000元；除此之外，剩余的征地补偿金或租赁费归原生产队，由原生产队的股民按股分配。这样，既解决了征租先、后的补偿差距问题，又兼顾了有承包地和没有承包地村民的利益。对此，村民们都比较满意。

三是只清产核资，不评估作价。对村集体资产进行清产核资并立案存档是必需的，但村班子认为，没必要进行评估作价。因为资源、资产的市场价格是个变量，以现时的价格为标准评估作价了，以后还是要变动的；再则，现有集体资产也在逐年自然增值或折旧，如集体山林在自然生长，集体房屋、农机具等在逐年折旧，土地随着交通等条件的改善，地价也在升值。因此，评估总价值只会增加改革成本。

四是股权增设土地资源股、现金投资股。在股权设置上，村里除像其他村一样设置了户口股、基本股和工龄股外，还设置了土地资源股、现金投资股。所谓土地资源股，就是把家庭所承包的土地纳入到股份范围，按每亩 100 股配股。土地计入股份，体现了对家庭土地承包使用权的权益保障。现金投资股，是村集体要兴办经营性项目时，除村集体投资外，股民可自愿投资持股。现金投资股可以继承、转让。

五是只定股份不计股值。股民按照配股原则和自身条件，只确定拥有的股份而不计股值。确定股份，表明具有股民资格的人，对集体资产拥有的产权多少，股值只表明单股的价值。只有在集体资源、资产变现或产生收益后，股民才能按股份进行分红；不变现或没产生收益就不能分红。拥有股份的多少，是分红的依据，计算股值没有实际意义。

六是股权生得、死失，不得继承、转让。"生不增、死不减"，可继承、转让，是一般"城中村"对股权变化和流转制定的原则，但小李庄村班子和村民认为这不适用一般农村。因为他们认为，农村集体的资源、资产不是哪一代人创造的，而是以前留下来的，如果将它固化为某几代人拥有(这几代拥有的实际股份也是不等的)，那是不合理的。尤其是土地，对于这样一种具有社会保障功能的资源，凡在这块土地上繁衍生息的人与生俱来，自然禀赋就应该共同拥有。只固化给某几代人，尤其是在社会保障体系尚未完全建立的情况下，只是解决了这几代人的生计问题。固然股份可以继承、转让，但人口自然增长是必然的，那他们的子孙后代人口增长了，生计问题将无法保障。因此，这个村规定，股权"生得、死失"，不能继承、转让、退股。即使以后股份量增了，只要集体资产还产生收益，在世的人就都可以享受一份收益。这有利于社会稳定。

从以上事例看出，"城中村"、"近郊村"与普通农村的改制有不同之处。"城中村"、"近郊村"的土地已经大部分被征用，土地已经变现，村委会改为了居委会，农民变成了市民，村民享受到了城镇最低生活保障、医疗保险等。因此，这些村的改制，主要理清的是国家与集体之间的产权关系、本村村民与居住市民之间的身份关系，以及本村村民间的年龄、对集体贡献的差别；而普通农村除了要理清这些关系之外，还要理清村集体与原生产队集体之间的产权关系、有承包地人口与无承包地人口之间的利益分配关系、被占地户与未被占地户之间的利益分配关系、先被占地户与后被占地户之间的利益分配关系，等等。因此，普通农村与“城中村”、“近郊村”的股份合作制改革的模式不完全相同，需要从实践中逐步探索。

第八章　农村经济社会步入了发展快车道

随着股份合作制改革的深入发展，有效提高了集体资产管理水平，集体统一经营迈开了新步伐，资本运作效果显现，集体经济实力逐步壮大，社会主义新农村建设步伐加快。

第一节　产权明晰推动农村各项事业蒸蒸日上

农村集体经济实行股份合作制改革后，村民拥有了明晰的集体财产所有权和收益权。凡进行了股份合作制改革的农村，集体经济运行状况和各项社会事业管理水平都有了很大程度的提高。

一、利益联结提高了民主管理参与度

股份合作制的实行，大大增强了村民对集体经营的关注度，对集体事务知情权、参与权、监督权也有了更高的要求，民主监督力度明显增强。

重新构建农村小区政治经济框架——从石家庄市方北村海

选董事会看民主(节选于《中国青年报》,作者:许海涛)

方北村是石家庄市城中村之一。1992 年,因打通市区交通主干道,方北村最后一块耕地被征用,村民变成市民,但是只有一个市民外衣,并没有享受到城市居民的各种福利待遇。1998 年,方北村委会改成小区居委会。

农民出身的新居民或在本村企业上班,或在市区企业单位打工,或从事第三产业,他们的素质较高,有民主觉悟。但这里从没有搞过海选村(居)委会。村里的干部说,最担心选举选乱了民心。

股份合作制改制启动后,方北村将 8 000 万元优良资产以股权的形式分给了 3 000 多名股东,股权"生不增,死不减,股份有继承权"。由于居民对"看得见"的资产很在乎,对经营管理人员的要求很高,于是提出了"一提两推一海选"的办法,海选公司董事会,即董事会候选人由办事处提名,经过股东代表大会和党员大会推荐,产生正式候选人,最后经年满 18 岁的 2 228 名股东海选产生新一届董事会。

居委会将方北小区划分成 32 片,按有选举权股东 5%的比例选举产生了 111 名股东代表。随后,在裕华区东苑办事处主持下,召开了河北方北集团股份有限公司股东代表大会,讨论通过了《董事会成员选举办法实施细则》。选举方案规定,公司董事会成员最少 5 人、最多 7 人,过半数者当选,选票最多者当选董事长。

东苑办事处提出了 7 名董事会候选人,按照 20%差额选举的标准,股东代表大会以无记名投票方式又增选了 2 名候选人,候选人达到了 9 名。当天,东苑办事处党支部又主持召开党员大会，再次增选出1名候选人。经过“一提两推”，方北集团股份有限公司董事会候选人共10名。按照规定将董事会候选人名单在方北小区繁华地段进行了公告。

方北村有史以来的海选正式启动，董事会人选成为居民关注的焦点。裕华区区委、区政府及相关部门负责人和东苑办事处全体工作人员现场指导了选举，投票地点设在方北新区文化活动中心，内设三排15间独立划票间，股东凭“股东选民证”和“方北居民福利领取证”领取选票、划票。为了体现公正公开，监票、计票、唱票等工作人员由东苑办事处负责，专人对选举现场全程摄像，方北小区居民可以通过村闭路电视了解选举进程。东苑派出所在现场维持选举秩序。

方北小区选民陆续到指定地点投票。投票中下起了大雪，但现场仍有部分居民观看选举过程。共有2 194人投票。经过唱票、计票，两人从10名候选人中脱颖而出，方北小区党支部书记以1 684票当选董事长，居委会主任以1 533票入选董事会。这次选出的董事会成员没有达到规定要求，距最少5人仍有一定差距。

根据选举办法实施细则，方北小区居委会决定进行第二次海选，同时对选举细则进行补充修订，一是根据差额率，候选人由8人调整到7人；二是规定，当第二次选举有两人得票过半数入选董事会后，得票最多的第三人自动补进。当有4人过半数，得票最多的第五人自动补进。这一补充修订细则得到股东代表大会通过。

一周后，第二次海选开始，方北小区居委会邀请裕华区公证处在选举现场监督公证。经过投票、唱票、计票、统计，有效选票

2 163张，有两名候选人的选票过半数，入选董事会，而得票第三名的候选人自动补进董事会。经公证处公证后，河北方北集团股份有限公司新一届董事会当场产生，5人中，原公司班子两人落选。经过选举，方北新区居委会新一届成员走马上任。一位关注选举的领导认为，方北村通过海选董事会，重新构建了小区政治经济框架。

方北集团有限公司副总经理张金环是选举中最后补进董事会的。她说："选举对我震动很大，股份股权职责明晰了，新一届董事会要对全体股东负责，因为海选董事还可能发生。"

由此可见，明晰的产权是股份合作制的基础，也正因如此，改变了过去集体资产"人人有份"，实际上"人人不管"的问题，出现了人人关心的局面，极大地推动了基层民主政治建设。

二、明晰产权清除了集体经济发展障碍

实行股份合作制改革后，集体财产中有多少是"我的"清清楚楚，集体财产管理经营好坏直接关系着"我的"利益明明白白。因此，集体经济的管理经营由过去的村干部说了算，变为了社员共同做主，增强了集体经济管理经营的规范性，提高了集体经济的运行质量和成效。以鹿泉市小李庄为例：

小李庄过去村里财产是集体的，名义上人人有份儿，理应"以社为家"、"一心为公"，但实际上是所有权虚置，每个村民拥有多少不清楚。这正是过去几十年来"一大二公"的弊病。正因为这个"不清楚"，致使集体资产人人不关心、不爱护，集体经济

搞不好。

随着股份合作制的建立集体收入快速增长，很快还清了各项欠债 30 万元。2009 年，村集体收入达到 32.7 万元，比 2008 年增长了 118%。为把集体经济这块“蛋糕”做大，根据本村缺水状况，村集体决定，以股份制形式建设引水上山工程，预计总投资为 122 万元，其中的机井及配套投资 52 万元。村集体以集体资金和国家扶助资金入集体股，控股 51%，其余吸收本社成员自愿入股，工程建成后以收取水费为利润。全村人都看好这一项目，因此全村 90%以上农户入了股。仅 2010 年运行半年，每股就分红 15 元。此外，村集体以土地入股，能人以技术、资金入股，总投资 200 万元的制茶厂正在建设之中，建成后将带动本村枸杞、连翘等特种种植。村集体正在兴办的“开心农场”，吸引了全村 70%的农户自愿将 300 多亩承包地流转到合作社集中经营。

实行股份制后，股份落到了人头上，集体搞好了，“我”会有多少利，集体搞不好，会给“我”带来多少损失，利害关系清清楚楚。因此，集体的凝聚力大增，真正实现了以社为家，集体的事儿人人关心。

三、稳定和谐的局面保障了各项事业快速发展

改制完成了，村里的主要矛盾解决了，村民心气顺了，村班子和村民主要精力都放在了如何谋发展上、怎样改善生产生活条件上。

东简良村改制后各项事业蒸蒸日上，社会和谐发展

东简良村实行股份制改革时，集体财产 5 300 万元。实行股份制以来，每年在股红分配前，都要先从经济收益中提取出足量的公积金用于扩大再生产。几年来，先后投资 2 765 万元扩建蔬菜批发市场，投资 2 585 万元建设食品城，投资 534 万元升级改造木材市场，投资 399 万元建设小商品市场，投资 489 万元建设开泰桥西市场，投资 199 万元建设托运市场，投资 213 万元建设了村委会办公楼，另外，物业管理设施投资 582 万元，公司建设投资 561 万元，农业设施投资 73 万元，房地产开发投资 700 万元，合计 1.01 亿元，这些投资都转换成了集体固定资产。

这些项目的陆续建成投用，使公司收入逐年增加。市场的年销售额从过去的 30 亿元，增至现在的 50 亿元，上缴利润增至 2 500 万元。除去上缴税金、提取公积金公益金后，每年股份分红总额都在 1 700 万元以上。这两年，股份分红由每股 10 元增至 12 元。一个 4 口之家，两个大人是成年股民，两个孩子是基本股民，每个成年股民持股 350 股，每个基本股民持股 75 股，全家共持有股份 850 股，仅股利分红就 1.02 万元，保障了基本生活。

村民人人有活干，几个大市场的管理服务、设施维修、卫生清洁等，需要大量的人员，全村 18 岁以上的劳动力 90%都能安排在本村就业。

福利年年增，家家富裕安康。村集体投资 8 000 多万元建成了 33 栋住宅楼，每户一套三室一厅或两室一厅住房，全村 98%的村民都搬进了小区。小区建有文化广场、文化娱乐中心、图书室、幼儿园和小学，配套齐全，功能完善。孩子上幼儿园、小

学免费。55岁以上的老年人实行退休制，按在村集体参加劳动的年限分等级发放退休金，低的每月280元，高的360元。公司为每位村民发放粮食补贴及过年过节发放实物人均1 000多元。每年还组织村民到外地旅游。

股份合作制的实行，使东简良村集体经济快速发展，实现了村民安居乐业，共同富裕。

第二节 资本运作促进集体实力壮大

完成股份合作制改革，是促进农村集体经济发展的重要一步。在此基础上，一些有一定经济实力的村，又开始探索"以钱生钱"的路子，启动了资本运作，提高了经营层次，进一步壮大了集体经济实力。

有名乱村的惊人变化

这是2012年初春一个阳光明媚的上午，走进裕华区大马小区，眼前漂亮的高楼鳞次栉比，小区环境优美如画，仿佛进入了一座美丽的公园。区内生活服务设施一应俱全，几个老人在悠闲地谈笑，一群儿童围着健身器材嬉闹，匆匆走过的年轻人，个个脸上都洋溢着幸福满足感和自豪的微笑。这难道就是那个因为2.4亿元征地款闹得不可开交，因为集体财产产权不清而成为全省唯一罢免村委会的裕华区大马村吗?

新一届村委会上任后，吸取前任班子被罢免的教训，第一件事就是推进集体资产股份制改革。他们把村民代表、党员代表召集起来，共同商讨改革方案，对全体村民按基本股（户口在本村的）、年龄股、村龄股、劳力股分别计算，确定每个人持有的股份数额，满股为10股，全村持股人共计2 184人，并张榜公布，征求群众意见。群众无意见后，再聘请省内有资质的资产评估公司对集体所有资产进行清理、评估，最终核清集体资产共计7 000万元，得到群众认可。在此基础上，村里注册成立了大马集团股份有限公司，选举了产生了集团董事会、监事会，按照现代企业运营方式管理、运作集体资产。

股改完成后，村子逐渐趋于稳定。集体资产产权明晰，经济纠纷越来越少。2007年，村里抓住股改的机会，开始利用集体资产进行运作，走上了以钱生钱，滚动发展之路。

集团公司运作的第一个项目是旧村改造。2007年，集团公司投资近亿元，规划建设了大马小区，到2008年年底，24栋新住宅楼全部完工入住。随后，利用原村址离市区很近的优势，对占地230多亩的旧村址进行了整体开发，建设了一批高档商品房，按每平方米6 000～8 000元的价格，陆续对外出售，实现收入16亿元。并建成了15万平方米的沿街商业铺面，其中5万平方米对外出租年收入近3 000万元。收获了改制后第一桶金。

由于石家庄城市快速扩张，大量征占土地，大马村已经没有可供开发的土地了。为了发展集体经济，从2009年开始，大马集团走上了借鸡下蛋、向外扩张的道路。集团谋划建设的第二个项目就是异地购买土地，发展产业。2009年，大马集团投资1 000万元，在灵寿县三圣院同下村购买了200亩土地，兴建了特种养殖基地，一方面为集体创收，一方面为公司股民提供猪肉、牛肉等福利。

此后两年间，大马集团又先后在山东省威海市投资2 000万元，购置了40亩土地，开发建设了威海太阳岛小区；在海南兴隆镇投资1.6亿元，购置了100亩土地，开发建设了47套别墅；在海口市投资3亿元，购置了130亩土地，开发建设了“藏龙府邸”。目前正在洽谈海口市900亩土地的投资开发项目。短短4年时间，大马集团总资产就已由改制初期的7 000万元增加到23亿元。集体收入连年大幅度增加，仅集团公司所有的15万平方米商业店铺，就可实现年出租收入1亿元以上。

集体实力壮大，股民收入丰厚。公司为原村民全部上了养老保险、城镇职工医疗保险，股东每年按期分红，享受福利。2011年每股分红500元，每人发放了1 500元的福利卡，用于购买米、面、油等生活必需品。小区卫生、保安、物业等各项管理费大部分免费。同时，集团公司每年还组织股东免费到外地旅游，几年中，先后组织过台湾游、香港澳门游、南方省市游。现在的大马小区处处欣欣向荣，一派祥和，再也看不到昔日的混乱景象了，改制后全村再也没有发生过上访告状的事件。支部书记邢建设兴奋地说：“这都是股份制改革带来的变化。股份制改革让集体资产明晰了产权，利益分配变得简单，群众满意了，制约集体发展的障碍没有了。我们对未来充满了希望”。

第三节 农村面貌显著改善

运行财富积累机制，壮大了农村集体经济实力，加速了农民过上美好新生活期望的实现，特别是新民居建设加快，农民的居住条件、生活环境、生活质量，都得到了明显的改善和大幅度的提高。2011 年统计，近三年内全市开工建设的新民居示范村达到 670 个，建设多层住宅楼 1 984 栋，二层以下住宅 4 562 栋，改造提升旧农居 4.46 万户。越来越多的农民群众告别了过去的破旧房屋，开始过上幸福美满的新生活。

党家庄村民幸福指数大幅提升

党家庄村坐落在石家庄市区北部，全村 2 858 人，1 700 亩土地。城市化的大潮很早就冲击到这个不大的城郊村，这也使党家庄成为较早开展股份制改革的试点村之一。2007 年集体资产股份制改革完成，产权量化到了村民，以往困扰村干部的集体资产的管理和利益分配难题变得清晰、简单，村集体有了更多为村民办事的精力和实力。

2008 年年底，村里开始实施旧村改造项目，规划建设了 51 栋居民住宅楼，其中 16 栋供村民回迁，2011 年已全部封顶，部分交付使用，到 2012 年小区将全部完工入住。

2009 年，村里利用临街地方多的优势，发展了铝材、建材等 5 个临街市场，商业面积达 12.4 万平方米，年收入超过 3 000 万元。尽管因为城市开展“三年大变样”，拆除了 5.3 万平方米商业铺面，但是通过规范市场管理，减支增收，村集体仍保持了每年 3 000 万元以上的收入。这些收入，让集体有了为群众办事的能力。2011 年全村仅福利性开支就超过 2 800 万元，比 2010 年增加了 527 万元。

在一个长长的村民福利发放单上，清楚地记录着 2011 年村民的各项福利开支：

发放退休金 666.67 万元

发放粮食补贴 251.9 万元，人均 881 元

发放生活补贴 596.9 万元，成人每人 3 600 元，未成年人每人 3 300 元

为村民缴纳各种医疗保险 400.8 万元，人均 2 621 元

为 13 个住院人员报销医药费 11.4 万元，人均 8 769 元

缴纳社会养老保险 441.2 万元，人均 3 869 元

幼儿园入园补贴 4.9 万元

为 35 名在校大学生发放补助款 11.8 万元，人均 3 400 元

发放困难户补助 2.1 万元

村民报刊补助 11.6 万元，户均 525 元

组织退休人员海南游 196.7 万元

股东分红 17 万元，户均 784 元

几年来，党家庄小区还建成了时尚会所、幼儿园、高标准医务室，美化、亮化了小区环境。优美的生活环境，完善的生活保障，让村民们由衷感到了幸福和美满。党家庄股改后连年被评为省级文明村，2009 年还被中央精神文明建设指导委员会评为“全国创建文明村镇工作先进村”。村民们日子越过越美好。

东岗头村变成了新小区

顺着石家庄市青园街一直向南，过了槐安路就看到一片新落成的高楼大厦，这就是东岗怡园——一个有名的城中村——东岗村。

提起东岗村的变化，凡见证过东岗村变迁的人，无不感慨万千。

东岗村是石家庄近郊比较大的一个村子，因为区划调整，村子隶属关系几经变迁。1986 年原属于郊区管理的东岗村划归长安区，2001 年裕华区成立，东岗村又划归裕华区。随着城市发展和村子的变化，集体土地全部被征占，但也积累了一大笔征地款，并通过逐年发展，兴办了一批集体企业。2009 年开始了股份制改革。经过清产核资，集体生产经营性净资产还有 1.95 亿元。村里依据居民身份、村龄、宅基地开发收益等情况，按照 4∶4∶2 比例向村民配股，满股 50 股，核准股民 3 589 人。依法组建了东岗头小区股份合作经济社和河北振东经贸股份有限公司，将东岗头村所有资产纳入小区股份经济组织、非生产经营性资产纳入经济社、生产经营性资产纳入股份公司，明晰了产权。

股份制改革为东岗头发展打下了坚实的基础。2010 年集体投资近亿元，开发建设了占地 48 亩、建筑面积 7.1 万平方米的东岗怡园，建成了 12 栋多层和高层居民住宅楼，投资 150 万元建设了小区综合服务楼，楼下底层全部为商业店铺，共 2.4 万平方米，每年店铺出租收入就达 3 000 万元，不仅满足了小区管理需要，而且还有盈余为股民分红，2011 年每股红利 20 元。几年来，东岗小区为辖区 20 岁以上的居民上了养老保险、25 岁以上居民上了医疗保险，小区管理服务基本免费。昔日落后的东岗村完成了由农村向城市小区、村民向城市居民的转变，过上了幸福的新生活。

村级财富积累机制的建立、深化及其发展，壮大了农村集体经济，缓解了基层组织运转经费不足的问题，增加了农民收入，为探索完善统分结合的双层经营体制探索出了一条新路，为推进社会主义新农村建设发挥了巨大作用。

村级财富积累机制，是深化农村改革，破解当前部分农村集体实力薄弱及其各种连带问题比较适宜性的制度性安排。建立机制的过程，也是一个发展、变化和逐步完善的过程，随着形势和要求的变化，还会不断地调整和充实。这种持久深入的改革，将会推动农村经济社会不断前进、不断发展。

附录

附录一

石家庄市人民政府建立村级财富积累机制研讨会会议纪要

时　　间:2006 年 7 月 3 日

地　　点:正定县国豪大酒店

会议内容:

按照宋恩华副省长 6 月 20 日到我市正定县调研村级财富积累机制试点工作的指示精神和振华书记、显国市长的要求,市政府邀请中央财经领导小组办公室、国务院研究室、中国社会科学院农村经济组织研究所、中国人民大学农发学院、省社会科学院、省减负办、省委研究室、省政府研究室的领导、专家,及市直有关部门负责同志,就正定县建立村级财富积累机制试点进行了研讨、论证。会上通报了我市村级财富积累机制试点情况,正定县介绍了全县的试点做法,对村集体资产有偿使用项目逐项进行了分析论证。

专家认为:

第一,正定县盘活集体资产、建立财富积累机制是农村工作的一项创新,是值得倡导的一种进步。是按照新的思路,运用新的机制,采用新的方法,解决农村改革发展中遇到的新问题。这种创新使农村集体资产的管理使用,出现了 3 个新特点:一是引用市场机制。把集体资产的管理使用纳入市场运行的轨道。二是坚持民主管理,集体资产的所有者,享有集体资产的处置权。三是形成集体资产不断增加的长效机制。

第二,这种创新为破解农村工作的3个难点开辟了新的途径。第一个难点就是取消农业税以后,村级组织正常运转和兴办公益事业的经费来源,钱从哪来。第二个难点是农村集体资产如何按所有人的意愿合理使用,村集体资产的管理使用如何体现公平公正,防止少数人损害多数人的权益。第三个难点是农村集体资产如何保值增值,不断增加村集体经济积累,兴办资产所有者需要兴办的事业。这三个难点的突破对建设社会主义新农村有着现实而深远的意义。建设新农村关键在村,如果村里没有任何集体收入,办公经费就没有保障,村干部工资就不能发放,村里什么事业都不能兴办,集体是空的,班子是散的,秩序是乱的,建设新农村就只能是一句空话。石家庄市实实在在地解决前进中的难点,正定县的做法确实是一种创举。

第三,正定县的做法如何在全市推广,取得更大更好的成效。正定县的做法无论是从理论上还是实践上看,都具有各方面的效益,毫无疑问应该逐步推广。如果不采取这种作法,那么取消农业税后,像这么多村没有经费来源,村干部的补贴报酬都拿不到手,村这一级组织没法运转,上级布置的工作谁去落实呢?怎么建设新农村?石家庄市和正定县经过深入的探索实践,形成了一套很成熟的成功做法。

在正定这种做法中,最值得倡导的有三条:

一是领导得力、得法。工作做得很细、很实,实到什么程度,实到全县绝大多数农民都知道这是怎么一回事,为什么这么做,怎么做,实到每户农民都有一个明白册,知道集体资产每个项目该收多少费,每户交多少费,工作做到这种程度就不会出现大的闪失。

二是值得倡导的是由村民作主。集体资产如何使用,每个项目的收费标准,收多少费,都由资产所有者全体村民来讨论,这是关键的关键,不是由少数人决定的,而是由资产所有者来决定的,做到这些是非常不容易的事。

三是建立必要的制度。使这项工作规范化,能够长期坚持。

专家意见:

一是冠名要科学合理。这项工作的出发点要放在加强集体资产管理上,放在实现集体资产保值增值、防止流失上,该收多少收多少,而不是我需要收多少就去收多少。因此在冠名上要体现加强对集体资产的管理内涵。

二是集体资产的界定要符合国家的有关法律和政策规定。已经实行家庭承包经营的土地,虽然也是集体资产,但是已经把使用权交给了农民的每家每户,不能列人有偿使用之内;机动地超过5%的部分,也不能列入,应按有关政策落实到农户;村级硬化道路、个人投入排灌设施等,缺乏政策和法律依据,可暂不列入有偿使用范围。

三是确定合理的有偿使用标准。不能全村平均分配的资产,可以采取竞价的办法来确定有偿使用标准;如生活供水、农机服务等一些为广大村民生产、生活提供服务的项目,要采取民主决策的方式确定收费标准。

四是合理确定有偿使用费的用途。有偿使用费要用于村级组织运转和公益事业。

专家建议：

在对这项制度进行修改完善后，建议石家庄各县(市)继续扩大试点，由点到面，全面推行，在进行试验推广的过程中，进一步发现问题，进一步完善。这项工作既要积极，又要稳妥，扎实地推进。

石家庄市建立村级财富积累机制研讨会
组成人员名单

一、专 家 团

团　长：段应碧　原中央财经领导小组办公室副主任，现中国扶贫基金会会长

副团长：肖万钧　原中央政策研究室副主任，现全国政协委员

成　员：叶兴庆　国务院研究室正司级巡视员

周　立　中国人民大学农发学院院长助理

苑　鹏　中国社会科学院农村经济组织研究所所长

孙世芳　省社会科学院党组副书记、副院长

李洪波　省减负办副主任、农业厅经管处处长

王新荣　省委研究室农村调研处处长

王宝恒　省政府研究室农村处副处长

二、石家庄市出席会议人员

1. 市领导

吴显国　石家庄市人民政府市长

马玉文　石家庄市人民政府副市长、市委农工委书记

2. 出席会议人员

李天印　市政府秘书长
王武德　市委农工委常务副书记
王胜义　市委研究室副主任
张雪峰　市政府研究室副主任
谷英海　市农业局副局长
张若丕　市政府法制办副主任
潘学军　市委研究室农村处处长
彭进学　市政府研究室农村处处长
邸庆欣　市农工委农改处处长

附录二

中共石家庄市委办公厅、石家庄市人民政府办公厅《关于规范农村集体资产管理 建立村级财富积累机制的指导意见(试行)》

(2006年10月23日)

为发展农村经济,增加农民收入,进一步规范农村集体资产管理,促进集体资产保值增值,增加村级集体财富积累,推进全市社会主义新农村建设,市委、市政府决定,从2006年下半年起,在全市农村(市内区农村可参照执行)全面建立村级财富积累机制。

一、规范农村集体资产管理、建立村级财富积累机制的重要意义

规范农村集体资产管理、建立村级财富积累机制,是市委、市政府认真落实温家宝总理视察我市农业农村工作时的指示精神,为解决村级集体资产管理不规范,保障村级组织正常运转,促进农村经济和社会和谐稳定发展而采取的一项重要举措,意义十分重要。首先,规范农村集体资产管理、建立村级财富积累机制是建设社会主义新农村的重要基础。农村经济、社会事业发展经费不足,基础设施建设相对滞后,是当前影响社会主义新农村建设特别是生态文明村建设的最大障碍。规范农村集体资产管理,建立村级财富积累机制,不仅可以充分挖掘村级集体资产增值潜力,利用现有条件增加村级集体积累,实现农村小额公共事业投入的稳定增加，而且能够有效促进村级集体资产的合理利用，加快农村经济和社会事业发展，是推进社会主义新农村建设的重要切入点。其次，规范农村集体资产管理、建立村级财富积累机制是促进农村和谐稳定的重要手段。农村债务负担较重、集体资产使用不公等一些农村中长期积累下来的问题，随着税费改革的不断深入，开始逐步显现，并已成为新的不稳定根源。规范农村集体资产管理，建立村级财富积累机制，通过规范各业承包合同，强化集体资产的管理，可以有效消除集体资产承包使用中的不公平、不合理现象，增加集体收入，化解农村债务，实现农村和谐稳定发展。第三，规范农村集体资产管理、建立村级财富积累机制是推进基层组织建设、民主政治建设的重要保证。目前，由于农业税取消，村级集体收入普遍减少，全市多数农村现有集体收入和国家转移支付资金不能满足村级组织正常运转需要。规范农村集体资产管理，建立村级财富积累机制，能够有效增加村级集体积累，缓解取消农业税后村级组织经费不足的现实困难，进而从根本上解决大部分村级组织难以正常运转的问题。

二、规范农村集体资产管理、建立村级财富积累机制的指导思想和基本原则

全市规范农村集体资产管理、建立村级财富积累机制总的指导思想是：以中央1号文件和省、市新农村建设工作会议精神为指导，以市场机制运作为手段，按照集体资产“谁使用、谁交费”的原则，盘活现有存量资产，规范农村集体资产管理，建立村级财富积累机制，实现集体资产保值增值，不断增加集体积累，逐步化解村级债务，加快农村公益事业发展，促进农村社会和谐稳定发展。

规范农村集体资产管理，建立村级财富积累机制，要遵循的原则：（一）因地制宜，分类指导。要立足本地实际，区分不同情况，合理确定资产管理模式和推进方式。对集体经济比较薄弱的村，重点规范管理集体资产、建立村级财富积累机制；对城郊集体经济实力比较强的村，推行集体资产股份合作制改革。（二）按市场经济规律办事。村级集体资产，在遵循国家法律法规和政策的前提下，实行有偿使用。对不符合国家法律法规的村级集体资产承包使用合同，要进行规范。（三）实行民主决策。要尊重群众、依靠群众，切实保障村民在处置集体资产上的决策权。对集体资产有偿使用项目、标准的确定等重大问题，必须经村民代表大会讨论通过。（四）坚持依法办事。集体资产界定、有偿使用标准确定等工作，必须依法进行；制定出台的规范集体资产管理的有关措施、办法必须符合国家法律、法规规定。（五）不能增加农民负担。要合理界定有偿使用的集体资产范围和确定有偿使用标准，坚决杜绝借资产管理之名乱收费等违法加重农民负担行为，切实在规范集体资产管理中维护农民的合法权益。

三、村级集体资产规范管理范围、形式及有偿使用标准的确定

（一）村级集体资产规范管理范围。村级集体资产主要包括村集体公共资产和村集体投入建设的资产。当前重点规范以下几类：(1)农业机械。包括村集体购置的拖拉机、收割机、播种机、玉米秸秆粉碎机等农业机械。(2)果园林木。指村级集体的果园、林木、花卉等。(3)企业或商业用地、用房。指占用村级集

体土地兴建的企业或商业，及集体投资兴建的企业或商业设施。(4)村留机动地和沙荒地。(5)村内空闲地。(6)砖窑。指能够正常使用的砖窑。(7)村集体投资的闲置校舍。(8)其他村级集体资产。

(二)村级集体资产规范管理的主要形式。重点采取集体资产所有者与使用者签订合同的方式规范管理集体资产。即在界定村集体资产所有权和使用权的基础上，由村集体经济组织或村委会与集体资产使用者签订有偿使用合同，通过收取合理数额的有偿使用费，达到规范管理集体资产、实现集体资产保值增值、增加集体收入的目的。有偿使用费可以逐年收取，不是逐年收取的，每次收取的资产使用费最长期限不得超过当届村两委班子的任期。

(三)村级集体资产有偿使用标准的确定。农业机械、果园林木、企业或商业用地用房、闲置校舍、村留机动地、沙荒地、砖窑和废弃砖窑占用的土地等村级集体资产有偿使用标准，要通过竞价竞标或竞价承包方式确定；村内空闲地等其他村级集体资产，有偿使用标准由村民会议或村民代表会议讨论确定。

四、规范农村集体资产管理、建立村级财富积累机制工作的实施步骤

规范农村集体资产管理、建立村级财富积累机制工作，原则上依照下列步骤进行：

(一)建立组织机构。乡镇党委、政府成立“村级集体资产监督管理办公室”，为本乡镇农村集体资产规范管理、建立村级财富积累机制工作的领导机构，具体工作由乡镇农经站(不增加机构和人员职数)负责;各村成立集体资产管理小组,组长、副组长由村两委主要干部兼任,成员由党员代表和村民代表组成,负责村内财富积累机制工作的组织实施。

(二)广泛进行动员。通过召开党员会、村民代表会,宣讲建立村级财富积累机制的重要意义,并通过广播、板报、公开栏等各种形式,多渠道进行宣传,统一干部群众的思想认识,充分调动他们参与集体资产监督管理的积极性。要加强市场经济和集体主义观念的宣传教育,不断提高广大干部群众的市场经济意识和主动参与集体资产管理的自觉性。

(三)制定实施细则。在广泛动员和充分征求村民意见的基础上,由农村基层党组织和村委会组织制定规范农村集体资产管理实施细则,提交党员会和村民代表会民主讨论通过。

(四)审查、评估集体资产。由党员代表、村民代表、村会计组成评估小组对村级集体资产逐项进行评估,评估结果经党员会和村民代表会审查通过后,向群众张榜公布,并同时建立村级集体资产台账。

(五)确定有偿使用的村级集体资产范围和标准。评估小组在审查、评估集体资产的基础上,确定集体资产有偿使用范围和标准,交由村民会议或村民代表会议讨论、通过。

(六)公开集体资产规范管理范围,组织收取有偿使用费。公布有偿使用的村级集体资产具体范围、标准和交费者名单,根据群众提出的合理意见和建议进行修改完善,并再公布、再完善,确保绝大多数群众满意。有偿使用费的收取要公开进行,结果及时向群众公布,接受监督。

(七)健全完善制度。重点要建立健全《村级集体资产民主管理制度》、《村级集体资产使用决策制度》、《村级集体资产有偿使用收费公示制度》、《村级财务预算和执行情况报告制度》、《村级集体资产承包租赁合同管理制度》以及民主决策和村务公开等制度。通过健全完善制度，确保集体资产保值增值和集体经济收入的稳定增长。

五、切实加强对建立农村财富积累机制工作的组织领导

规范农村集体资产管理、建立村级财富积累机制是一项复杂的系统工程，涉及面广、工作量大、政策性强，全市各级各部门一定要高度重视，切实加强领导，科学组织，循序推进。一要建立健全组织领导机构。全市建立村级财富积累机制的组织和指导工作，由市委农工委（市委、市政府农村工作领导小组办公室）具体负责。各农村县（市）区财富积累机制的组织和指导工作，也要由相应的组织机构负责，确保工作顺利进行。二要强化资产收益的管理和使用。要严格按照国家有关规定管理和使用村级集体资产收益，认真执行民主决策、民主理财、财务公开和预决算制度，强化工作监督。在资产收益使用上，要重点向村级道路维护、卫生保洁、农技服务、治安联防、文娱活动、路灯照明维护、生活用水等村内公益事业建设倾斜，确保集体资金取之于民，用之于民。三要多措并举，协调联动。规范农村集体资产管理、建立村级财富积累机制，涉及农村工作的方方面面，各级各部门都要站在农业农村工作全局的高度，结合工作实际，采取多种方式，积极参与村级财富积累机制建设，制定、完善行业政策，支持、鼓励村民和企业为集体多做贡献。

附录三

石家庄市建立村级财富积累机制五项制度

一、村级集体资产民主管理制度

1. 村级资产依照法律实行民主管理。

2. 村成立村支部书记任组长，村“两委”成员、理财小组人员和部分村民代表参加的集体资产管理领导小组，负责村级集体资产的经营管理。

3. 村集体资产领导小组实行成员联席会议制度，全面负责村盘活集体资产、建立财富积累机制的具体谋划和组织实施。

4. 村集体资产管理领导小组下设资产管理组、集体财务收支预算审查组，分别由一名“两委”干部牵头，3～5 名村民代表组成，参与集体资产的管理和监督。

5. 资产管理组负责本村集体资产的核实、登记和台账管理，提出资产有偿使用方案，做好资产的发包、租赁以及合同建档管理工作。

6. 集体财务收支预算审查组负责对财务收支预算的审查及执行情况的监督，优先确保四个服务组织所需经费，协助上级部门搞好集体财务审计。

7. 资产管理组、财务收支预算审查组收集听取群众对资产管理、财务收支情况的意见，为盘活集体资产、建立财富积累机

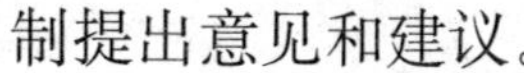

制提出意见和建议。

二、村级集体资产使用决策制度

1. 村级集体资产的使用必须坚持依法、民主决策。

2. 村集体要如实盘点核定村内集体资产，建立台账、上栏公开。

3. 集体资产的有偿使用方案由村盘活资产建立财富积累机制工作领导小组提出，经村民代表会表决通过后执行。

4. 各项集体资产有偿使用费的收取标准，由村集体资产领导小组提出初步意见，在召开各方面人员代表参加的听证会广泛征求意见的基础上，最后经村民代表会表决通过。

5. 村集体资产有偿使用费标准一年一审核。变更及征收时间，必须经村民代表会表决通过。

6. 对占用集体资产的特困户，由本户提出申请，村委会研究提出减免上缴使用的数额，经村民代表会讨论通过后可以减免。

7. 凡涉及村集体资产使用的一切事项，都要及时进行公开，接受群众的监督。

三、村级集体资产有偿使用收费公开公示制度

1. 对有偿使用的村级集体资产的种类、数量，在核实界定后即上墙公示。

2. 村级集体资产有偿使用费的标准，经村民代表会表决通

过后两天内上墙公示。

3. 在收取集体资产有偿使用费前五天，要将纳费人姓名、纳费项目和纳费金额上墙公示。

4. 在每项集体资产有偿使用费收缴结束后，要在两天内将纳费人姓名、应缴费额、实缴费额、合计收费总额上墙公示。

5. 村集体资产有偿使用情况的公示，要在村内便于群众观看的显要位置进行，并设置意见箱，公示期限不能少于五天。

6. 公示事宜由村资产管理小组具体承办。

四、村级集体资产承包租赁合同管理制度

1. 村级集体资产的有偿使用必须依法签订书面承包或租赁合同。

2. 合同文本要使用乡（镇）村级集体资产管理办公室统一印制的制式合同。

3. 合同签订后，应及时将相关资料上报乡（镇）村级集体资产管理办公室进行鉴证、备案。

4. 所有村资产承包、租赁合同必须纳入档案管理，明确专人负责，专盒、专柜存放。合同保存要达到“四防”要求，即防火、防潮、防虫、防盗。

5. 合同管理人员必须及时将纳入管理的合同资料，按要求进行收集、整理、登记、归档管理，防止资料的散失和毁损。

6. 合同的变更、转包、转让，必须经村委会同意，否则视为无效。

7. 村委会换届或合同保管人员变动，必须在 5 天内办理合

同档案移交手续。

8. 未经村委会书面批准同意，任何人不得随意查阅、借阅合同原件。

9. 发生合同丢失、损毁事故，要追究合同保管人的责任。

五、村级财务预算执行情况报告制度

1. 村党支部、村委会要在当年一月份编制出集体年度收支预算草案，在广泛征求党员、群众意见基础上，经村财务收支预算监督小组审查、村民代表大会表决通过。

2. 财务预算方案的调整，必须向村民代表说明原因，经表决通过后方可执行。

3. 收入预算的执行情况，应当在收入完成期限过后 1 天内向村民代表大会报告执行情况。

4. 5 万元以上的大项支出预算，在支出预算完成后 1 天内向村民代表大会报告执行情况。

5. 村支部、村委会分季向村民代表会通报村集体财务预算执行情况。

6. 财务预算执行情况报告要详细真实，由村委会负责人书面向村民代表会报告情况。

附录四

石家庄市村集体经济组织管理办法
(暂行)

(2011年5月16日讨论稿)

第一章　总　则

第一条　为了稳定和完善以家庭承包经营为基础、统分结合的双层经营体制,维护村集体经济组织及其成员的合法权益,增加村级财富积累,促进农村集体经济发展,推进社会主义新农村建设,根据宪法和有关法律的规定,结合本市实际,制定本办法。

第二条　本办法所称的村集体经济组织,是指在实行以家庭承包经营为基础,统分结合的双层经营体制下,以村(原生产大队)、村民小组(原生产队)农民集体所有的土地和资产为基础,合作经营、民主管理、服务成员,按行政村设置的社区性集体经济组织。

村集体经济组织的名称一般称为:石家庄市××县(市)区××镇(乡、街道办事处)××村经济合作社。

实行改制的村集体经济组织,其名称可称为:石家庄市××县(市)区××镇(乡、街道办事处)××村股份经济合作社。

第三条　本市行政区域内村集体经济组织设立、分立、合并、运行、改制、终止活动,适用本办法。

第四条 村集体经济组织依法代表全体成员行使集体资产所有权，享有独立进行经济活动的自主权。村集体经济组织自设立登记之日起，村民委员会代行村集体经济组织管理职能自行终止。

村集体所有的资产受法律保护，禁止任何单位和个人侵占、挪用、私分、破坏。

第五条 村集体经济组织应当遵守宪法、法律、法规、规章和章程，尊重和维护本组织成员的合法权益。

第六条 村集体经济组织应当接受乡镇人民政府（包括辖有村的街道办事处，下同）的监督指导、村党组织的领导，协助和配合村民委员会工作，为村级组织履职提供必要的经费，合理安排村公共事务和公益事业所需的资金。

村民委员会应当尊重和支持村集体经济组织依法独立进行经济活动的自主权，保障村集体经济组织及其成员的合法权益。

第七条 村集体经济组织承担资产经营与管理、资源开发与利用、生产发展与服务、财务管理与分配的职能。

村集体经济组织依法履行下列职责：

（一）保护管理村集体所有或者使用的土地、森林、山岭、荒地、滩涂等资源；

（二）经营管理村集体所有的资源性资产、经营性资产和非经营性资产，组织集体资产的发包、租赁，拓展物业经营；

（三）为成员生产生活提供必要的服务；

（四）建立健全村集体资产经营管理、财务会计、民主理财、收益分配、归属清晰的产权制度。

第八条 各级人民政府应当鼓励和支持村集体经济组织发

展，在资金、用地、交通、供水、供电等方面制定具体措施予以扶持，并提供必要的公共服务。

各级人民政府应当按照依法、自愿、民主、公正的原则，鼓励和支持有条件的村集体经济组织进行股份制、股份合作制改革。

第九条 市、县（市）区农村工作综合管理部门负责本行政区域内村集体经济组织管理的政策制定、业务指导、监督和服务工作。

市、县（市）区农村经济管理部门负责本行政区域内村集体经济组织的财务和集体资产管理进行业务指导、审计监督。

乡镇人民政府应当负责做好村集体经济组织设立、选举、运行、改制、终止的具体指导和服务工作。

财政、金融、工商、民政、质监、国土、建设、农业、水利、交通、林业、科技、电力、供水等部门和单位应当按照各自的职责做好相关扶持和服务工作。

第二章　设立和终止

第十条 村集体经济组织申报登记应具备下列条件：

（一）有符合本办法的名称和章程；

（二）有符合本办法的组成成员；

（三）有符合本办法规定成立的组织机构；

（四）有固定的办公场所；

（五）有集体资产。

第十一条 设立村集体经济组织应当召开成立大会，成立大会应讨论通过本经济组织章程，选举产生村集体经济组织执行机构（经济合作社管理委员会简称社管会，改制后称董事会，下同)成员和监督机构(经济合作社监督委员会简称社监会,改制后称监事会,下同)成员,审议其他重大事项。所作决定,须经应到成员(代表)三分之二以上通过。

执行机构由社长(改制后称董事长,下同)、副社长(改制后称副董事长)和成员(改制后称董事,下同)3～7 人组成。

监督机构由监事长、成员(监事,下同)3～5 人组成。

第十二条 村集体经济组织章程应当符合法律、法规、规章的规定。章程应当载明下列事项:

(一)名称和住所;

(二)职责范围;

(三)成员资格取得、保留及丧失条件;

(四)成员的权利和义务;

(五)组织机构及其选举和罢免、辞职的规定、职权、任期、议事规则;

(六)财务管理、资产和收益分配;

(七)章程修改程序;

(八)公告事项及发布方式;

(九)需要规定的其他事项。

第十三条 各县级人民政府应当免费向村集体经济组织颁发《石家庄市村集体经济组织证明书》(以下简称《证明书》),证明书颁发、审验、变更管理的具体工作,由县级农村工作综合管理部门负责。村集体经济组织凭《证明书》办理组织机构代码证,按照有关规定刻制印章、开立账户、领购票据等。

《证明书》由石家庄市农村工作综合管理部门统一印制。

《石家庄市村集体经济组织证明书管理办法》由石家庄市农

村工作综合管理部门制定，报石家庄市人民政府批准。

第十四条 村经济合作社和村股份经济合作社可以向工商行政管理部门申请登记注册，取得法人营业执照。具体登记注册办法，由石家庄市工商行政主管部门商同农村工作综合管理部门参照农民专业合作社登记办法制定。

第十五条 村集体经济组织合并、分立、改制、终止，应当经成员大会应到成员三分之二以上表决通过后，向原登记机关申请办理有关手续。

村集体经济组织合并、分立、改制或者终止时，应当依法清理债权债务，并办理相关的变更、注销手续。

第三章 成 员

第十六条 户籍在本村，符合下列条件之一，且遵守村集体经济组织章程的农村居民，为本村集体经济组织成员：

（一）开始实行农村双层经营体制时原生产大队成员；

（二）父母双方或者一方为本村集体经济组织成员的；

（三）与本经济组织成员有合法婚姻关系落户的；

（四）因成员依法收养落户的；

（五）政策性移民落户的；

（六）符合法律、法规、规章、章程和国家、省有关规定的其他人员。

第十七条 因下列原因之一户籍关系迁出本村的，应当保留成员资格：

（一）解放军、武警部队的现役义务兵和符合国家有关规定的士官；

（二）全日制大中专在校学生；

（三）两劳服刑人员；

（四）符合法律、法规、规章、章程和国家、省有关规定的其他人员。

第十八条 除本办法第十六条、第十七条规定以外的人员，履行村集体经济组织章程规定义务，经本组织成员（代表）大会表决通过的，可以成为本组织成员或者保留成员资格。村集体经济组织成员户口注销的，其成员资格随之取消。

实行股份（合作）制改革时，股民资格认定按有关法律、法规和政策执行。

第十九条 村集体经济组织应当编制成员名册，经公示无异议或者异议不成立的，报乡级人民政府和县级农村工作综合管理部门备案。

第二十条 村集体经济组织成员依法享有下列权利：

（一）十八周岁以上未被剥夺政治权利的成员享有选举权、被选举权和表决权；

（二）享有对集体资产承包经营的权利；

（三）享有本组织章程和成员（代表）大会决定的生产生活服务、收益分配、土地征收补偿费分配、宅基地使用和各项福利的权利；

（四）享有民主监督管理的权利；

（五）法律、法规、规章和章程规定的其他权利。

第二十一条 成员应当承担下列义务：

（一）遵守本经济组织章程；

（二）执行本经济组织各项决议；

（三）维护本经济组织的合法权益；

（四）法律、法规、规章和章程规定的其他义务。

第四章　组织机构

第二十二条　村集体经济组织设成员（代表）大会、执行机构、监督机构。成员（代表）大会是村集体经济组织的权力机构。成员大会由本经济组织年满18周岁以上的成员或户代表组成。成员代表会议由执行机构成员和成员代表组成，成员代表应当占成员代表会议组成人员的五分之四以上。成员代表会议，讨论决定成员大会授权的事项。

执行机构、监督机构对成员大会负责。社长为村集体经济组织法定代表人。

第二十三条　成员代表由成员按每五户至十五户推选一人，或者由各村民小组推选若干人。成员代表的任期与执行机构的任期相同；成员代表可以连选连任；成员代表应当向其推选户或者村民小组负责，接受成员监督；成员代表可以与村民代表交叉任职。

第二十四条　执行机构、监督机构实行与村党组织和村委会同步换届，每次换届要在村党组织和村委会换届后的30日内完成。执行机构成员可以由成员（代表）会议在村党组织和村委会成员中推选产生，实行交叉任职，但不得与监督机构成员交叉任职。监督机构成员由成员（代表）会议在成员代表中推选产生，其中应有具备财会、管理知识的人员。监督机构成员可与村民监督委员会成员交叉任职。执行机构成员、监督机构成员每届任期三年，可连选连任。

第二十五条 成员大会行使下列职权：

（一）通过、修改章程；

（二）讨论决定章程未明确的成员资格条件及保留、丧失成员资格的有关事项；

（三）选举、罢免执行机构成员和监督机构成员；

（四）听取、审查执行机构和监督机构工作报告；

（五）讨论决定经济发展规划、生产经营计划、基本建设投资计划、年度财务预决算和各业承包方案；

（六）讨论决定集体资产处置方案；

（七）监督财务管理工作；

（八）讨论审议本经济组织的改制、分立、合并、终止事项；

（九）可以通过章程授权成员代表会议讨论决定前款规定的事项；

（十）讨论决定其他有关事项。

第二十六条 执行机构行使下列职权：

（一）召集、主持成员（代表）大会；

（二）拟订村集体经济组织经济发展规划、生产经营计划和集体资产经营管理方案；

（三）组织重大投资项目可行性论证并提出投资决策方案；

（四）拟订村集体经济组织财务管理制度、财务预决算方案、收益分配方案和资产经营责任考核方案；

（五）执行成员（代表）大会通过的决议；

（六）负责村集体经济组织日常管理工作。

第二十七条 监督机构行使下列职权：

（一）监督本经济组织章程的执行；

（二）监督成员（代表）大会决议的执行；

（三）监督执行机构的职责履行及日常工作；

（四）审查本经济组织财务并向成员公布审查情况。

监督机构监事长列席执行机构会议。

第二十八条 成员大会每年至少召开一次。有十分之一以上有选举权的成员提议或者三分之一的成员代表提议，应当召开临时成员大会。

成员代表会议由执行机构召集。成员代表会议应每季度召开一次。有五分之一以上的成员代表提议，应当召集成员代表会议。

成员代表会议对第二十五条规定由成员大会授权的实行表决时，须经应到成员（代表）三分之二以上通过。对其他一般事项表决时，须有三分之二以上组成人员参加会议方可召开，所作决定须经应到会人员过半数同意。

第二十九条 以威胁、贿赂、伪造选票等不正当手段，妨害成员行使选举权、被选举权，破坏村集体经济组织选举的，成员有权向各级人民政府及其有关主管部门举报，有关机关应当负责调查并依法处理。

以威胁、贿赂、伪造选票等不正当手段当选的，其当选无效。

第三十条 本经济组织五分之一以上有选举权的成员联名或者三分之一以上成员代表联名，可以要求罢免执行机构、监督机构成员。

罢免执行机构成员由监督机构负责召集并主持成员大会投票表决，罢免监督机构成员由执行机构负责召集并主持成员大会投票表决。

罢免要求应当书面向执行机构、监督机构提出，写明罢免理由。被提出罢免的成员有权提出申辩意见。

执行机构、监督机构应当在接到罢免要求之日起三十日内召集并主持成员（代表）大会投票表决，执行机构、监督机构不召集的，由乡镇人民政府（街道办事处）帮助组织召集。

第三十一条 执行机构和监督机构成员应当接受成员（代表）会议对其履行职责情况的民主评议。民主评议每年至少进行一次，连续两次被评议不称职的成员，其职务终止。

第三十二条 成员大会有权否决或者改变成员代表大会和执行机构做出的不适当决定。成员代表大会有权否决或者改变执行机构做出的不适当决定。

第三十三条 成员（代表）大会决定的事项，不得与宪法、法律、法规、规章和国家政策相抵触，不得侵犯成员人身权利、民主权利和合法的资产权利。

成员（代表）大会决定的事项应当及时向成员公布，任何组织和个人不得擅自改变。

第五章 财务管理

第三十四条 村集体经济组织应当执行上级有关农村财务、会计制度，并遵守有关财经法律、法规、规章。

第三十五条 村集体经济组织可以委托乡镇（街道办事处）农经管理部门代理会计业务，但不得改变其资产所有权、使用权、审批权和监督权。

第三十六条 村集体经济组织应当实行财务公开和民主理财。一般事项每季度公布一次；集体财务往来较多的，财务收支情况每月公布一次;涉及成员利益的重大事项应当随时公布。

第三十七条 县级以上人民政府农村经济管理部门和乡级人民政府依法对村集体经济组织财务进行审计监督。

第六章 法律责任

第三十八条 村集体经济组织成员合法权益受到侵害时,各级人民政府应当依法处理;当事人可以申请人民调解组织调解,也可以依法向人民法院起诉,人民法院应当依法受理。

第三十九条 单位和个人违反规定向村集体经济组织收费、集资、罚款或者摊派的,由县级以上农民负担监督管理部门依法查处。

第四十条 村集体经济组织管理人员及会计委托代理人员滥用职权、玩忽职守、徇私舞弊,损害村集体经济组织及其成员合法权益的,由县级以上农村工作综合管理部门、乡镇人民政府会同农经、财政、监察等有关部门依法查处;造成损失的,承担赔偿责任;构成犯罪的,依法追究刑事责任。

第四十一条 任何单位和个人侵占、哄抢、私分、破坏村集体经济组织资产的,依法查处;构成犯罪的,依法追究刑事责任。

第七章 附 则

第四十二条 村民委员会改制为居民委员会后,原村集体经济组织适用本办法。

第四十三条 本办法自发布之日起施行。

附录五

增强村级组织功能的成功探索

——石家庄市建立村级财富积累机制的调研报告

石家庄市经过3年多的探索和实践，全市4 351个村全部建立了村级财富积累机制，通过清理集体资产，实行有偿使用，规范管理制度，村均集体收入达到19万元，不仅保障了村级组织的正常运转，还兴办了一些公益事业，增强了服务功能。最近，我们抽取100个村进行了调查。现将调查情况报告如下。

（一）

如何建立村级财富积累机制，石家庄市经过探索实践，逐步形成一套完整的指导原则和运作方法。

为了回答温总理提出的课题，石家庄市委、市政府责成农工委，进行专题调研。在调研中看到两方面的情况：**一方面，实行税费改革后，村级收入锐减。**税费改革前的2001年，全市"三提五统"收入中，村集体提留收入村均7.3万元。实行税费改革后的2005年，减少到0.32万元。虽然通过转移支付村均补贴2.5万元，村级集体收入仍比过去减少60%以上。**另一方面，80%以上的村都或多或少地有一些可以盘活利用的集体资产。**诸如集体存留的机动地、荒沙滩、荒山坡、空闲地、果园、坑塘、砖窑、闲置厂房，等等。多数村实行大包干时，这些集体资产没有公开承包到户，后来村干部作主，由少数人使用，有些人一直没有交使用费，有些人交费很少。正定县拐角铺村，全村 860 户有 31 户（占全村户数 3.6%）低偿和无偿使用上述集体资产。200 亩集体果园，交给一户长期使用，十多年来未交使用费。账面上 460 亩沙荒地（实际上 1 300 亩），交给 16 户使用，每亩交费 60 元，不及应缴费三分之一。类似情况在广大农村普遍存在，多数村民对此一直强烈不满，成为农村矛盾的一个焦点。这两方面的情况说明，建立集体资产积累机制，已经势在必行，非搞不可。

如何搞好这项工作，石家庄市委、市政府决定先搞试点，摸索经验，逐步推进。他们选择在全市有代表性的村——正定县东安丰村，由市委农工委常务副书记王武德同志带领试点小组，进村与 100 多名干部村民商讨做法。大家认为，村里集体资产的清理处置，应该坚持以下原则：一是清理的范围只限于少数人低偿和无偿使用的集体资产，承包到户的耕地和机井、变压器等公共服务设施，不属于清理范围。二是不管是谁，使用集体资产，都必须合理交费，收益由全体村民共享。三是真正做到公开、公正、公平。引入市场机制，公开竞争承包，承包人和承包费向全体村民公布，任何人不能藏着掖着。四是集体资产不但要保值，而且要增值，形成集体资产不断增加的长效机制。按照这上述原则，经过反复商讨，采取以下运作程序：

——**摸清家底。**大包干后，支书换了 11 任，会计换了 10 人，集体资产有多少家底，谁也说不清楚。村里组成有村民代表参加的清产核资小组，对集体资产一项一项的清查，登记上账。

——**确定集体资产有偿使用方案。**包括有偿使用项目和缴费标准。项目和标准都广泛征求村民和使用户意见，召开村民代表会表决，实行竞价承包，并张榜公布。村民和使用户都无异议后，村委会与使用户签订合同。

——**确定集体收入用项。**集体有了收入干什么，这是村民非常关心的事。经反复讨论，决定集体收上来的钱，主要用于全体村民共享的公益事业，不能用于发放干部工资（村干部工资政府已有补贴），更不能用于吃喝招待。

——**制定规章制度。**包括村级集体资产民主管理制度、使用预决算制度、收费公示制度、承包租赁管理制度。

按照上述程序，经过两个月的工作，东安丰村建起集体财富积累机制。全村集体收入由上年3.5万元，增加到11.7万元，干部村民都很满意。接着，东安丰村所在的西平乐乡其他村进行试点。全乡村均集体收入由上年4.4万元，增加到9.7万元。随后，正定县把试点范围扩大到全县所有村，效果仍然很好。全县集体资产有偿使用费村均26.7万元，增加7.6万元。与此同时，石家庄市其他17个县（市）区搞了103个试点村。在此基础上，市委、市政府在正定召开现场经验交流会，决定在全市所有农村普遍推广。到2008年年底，全市4 351个行政村，全部建立了村级财富积累机制。集体资产有偿使用费由2005年的2.2亿元，增加到7.07亿元，增长2.2倍。有集体资产的村集体收入由村均5.94万元，增加到19.69万元，增加了13.75万元。在整个工作过程中，由于坚持公开公平原则，主要是清理收回集体流失的，即少数人低偿和无偿占有的资产，因而获得绝大多数村民的拥护。三年来，全市农村没有一人因此上访告状。河北省委、省政府对石家庄市的做法和经验充分给予肯定，确定每个市选择一个县进行试点，然后在全省农村逐步推开。

（二）

建立村级财富积累机制，是运用新的机制，解决农村改革发展中新矛盾的一个创举。这个创举为破解长期困扰我们的农村工作中几个难点，开辟了新的途径。

第一个难点，农村集体资产怎样保值增值，不断增加集体服务功能，完善统分结合的双层经营体制。农村实行大包干后，多数村集体统一经营层次薄弱，无力为农户服务，这是农村迫切需要破解的一个难题。盘活尚存的集体资产，建立积累机制，为破解这个难题提供了切实可行的路子。据百村调查，建立村级财富积累机制后，集体收入 20 万元以上的村有 55 个，10～20 万元的村有 27 个，5～10 万元的村有 12 个，5 万元以下的村仅有 6 个。随着集体收入的增加，为村民服务的功能明显增强。有 82 个村打了井，84 个村修了水泥路，67 个村通了自来水，83 个村安装了路灯，53 个村维修了校舍，19 个村新建了教学楼，83 个村新建了文娱活动中心。这 100 个村经济发展和集体资产在全市是比较高的，其他村可能达不到这样，但都程度不同地发生了变化。

第二个难点，农村集体资产使用管理，如何真正做到公开、公正、公平，并以此为契机，促进农村民主政治建设。集体资产处置不公，少数人占用受益，多数人既无权使用，更无权受益，不少村由此引发经济纠纷不断，上访告状不止。这也是农村需要破解的一个难题。建立集体资产积累机制，为破解这个难题找到了出路。这个机制最主要的特点是民主、透明、公平。哪些集体资产实行有偿使用，收费多少，都由村民代表讨论决定。由谁承包，交多少承包费，都向村民张榜公布。收取的费用如何使用，由村里理财小组提出方案，村民代表讨论决定，也向村民公布。这套做法真正体现了村民当家作主，杜绝了少数人暗中操作，营私舞弊。据百村调查，有99个村建立了集体资产台账，健全了财务审批使用制度，定期向村民公开，只有一个村制度还不够完善。这些村再未发生群众为财务不清而上访的事件。许多村通过健全财务管理制度，推进了民主政治建设。我们考察的新乐市坚固村就是一个例证。这个村370亩沙滩地，十几年前村干部私自承包给12个人。这12人从没向村里交过一分钱。村民对此强烈不满，十多年来上访不断。2006年选出新的支书后，对沙荒地重新公开发包，承包人主动交承包费38万元。用这笔钱滚动发展，建立了上百亩地的养兔场，修建了水泥路，翻盖了校舍，新建了老年活动中心。村里政通仁和，欣欣向荣。在百村调查中，类似村庄占1/3以上。

第三个难点，村级组织如何做到有人管事，有钱办事，有章理事，增强凝聚力、号召力。这个问题讲了多年，由于有钱办事的问题一直未很好解决，有人管事和有章理事的问题也很难落实。村干部两手空空，只向村民敛钱，无力为村民办事，说话没底气，办事不硬气，有的干脆撂挑子。通过建立村级财富积累机制，不仅可以维持正常的开支，而且可以办一些群众受益的实事，大大提高了村级组织的凝聚力。据百村调查，有50个村“两委”支持率达到100%，49个村达到90%，只有一个村接近80%。我们考察的正定县塔元庄村，就是这些变化的一个缩影。这个村于2005年底建立了村级财富积累机制，2006年村级集体收入达到106万元，2007年达到120万元。集体收入增加后，不仅增添了生产服务设施，而且改善了村民居住环境。村里小巷路面全部硬化，连茅厕全部改成卫生厕所，新建了老年活动中心、村民文娱广场，今年又开始建村民住宅楼。“两委”换届选举中，支部书记得票率100%，其他干部得票率都在97%以上。村民拥戴干部，干部关心村民，干部说话一呼百应。去年清明节前后，村里利用撂荒地建村民活动中心和物业门店。这些地涉及234户的坟，“两委”要求20天内把坟统一迁到墓地，结果15天就全部迁完。2009年抗震救灾，村里一广播，一天半就捐款3.1万元。在百村调查中，这样的村也占1/3以上。

(三)

建立村级财富积累机制如何在广大农村普遍推开，石家庄市提供了比较系统的经验。

建立村级财富积累机制，工作量大，政策性强，涉及面广，抓住哪几手，才能在广大农村普遍推开？从石家庄市来看，主要抓了以下环节：

一、周密部署，精心指导。市委、市政府把建立村级财富积累机制作为农村一项重要的基础工作，党政主要领导同志亲自调查研究，安排部署，督促检查。市委书记车俊、市长艾文礼、主管农村工作副书记刘云峰，在过去工作基础上，进一步加大工作力度，向深度和广度推进。各县(市)区和乡镇都成立了领导小组，主要负责同志深入到村，真正蹲下来，钻进去，进行具体指导。对面上的工作经常进行督促检查，及时发现解决出现的新问题。有的县委书记先后到20多个试点村逐村调研。有的亲自对乡镇干部进行现场考试，检查工作进展情况。在党委、政府领导下，把工作任务层层分解落实到各有关部门，组织精干力量，到重点村具体帮助。形成各级各部门协调联动、齐抓共促的局面，推动了这项工作的顺利进展。

二、培训干部，发动群众。层层举办培训班，市里培训各县(市)区领导人，县(市)区培训村干部。市委、市政府制定印发了建立村级财富积累机制实施方案，编印了说明诠释，对建立村级财富积累机制的目的要求、主要内容、关键环节、注意事项，做了详细的规定和解释，发到所有乡、村。各级干部对为什么要搞这项工作，怎么搞法，有了真切的了解，然后向群众做宣传，发动群众积极参与。在工作中牢牢把握三项原则：一是群众自愿原则。做耐心细致的宣传解释工作，使广大村民自觉自愿的参与机制建设。二是民主协商原则。与村干部、村民代表、集体资产使用户反复协商，广泛征求各方面意见，达成共识，不勉强行事。三是依法办事原则。所有事项的决定，都严格遵循法律法规，绝不做违法违规之事。由于坚持这三项原则，干部群众自觉自愿的参与，全市开展这项工作三年来，没有一个村为此发生经济纠纷。

三、规范程序，严格操作。在试点的基础上，制定规范的操作程序：第一步，召开两委会、村民代表会，成立工作小组。第二步，清产核资，建立台账。第三步，拟定集体资产有偿使用方案。广泛征求群众意见，村民代表会表决通过，并上墙公布。第四步，征收有偿使用费，也上墙公布。第五步，建立完善有关制度，每一步的具体做法，都制订实施方案，一步一个脚印，踏踏实实的推进，防止走过场，走弯路。

四、因地制宜，分类推进。每个村情况不同，集体资产有多有少，干部能力有强有弱。石家庄市在对农村班子状况和集体资产状况进行调查摸底的基础上，区分三种情况，分别开展工作。第一种，村级班子比较强，集体资产管理比较好的村，以健全完善管理制度为主，按照统一制定的标准，缺什么，补什么。第二种，村级班子能够主持这项工作，按照规定的程序，一步一步地开展工作。第三种，村级班子问题较多的村，派出工作组，从健全两委班子入手开展工作。在推进中，根据各村情况，该快的快，该慢的慢，不搞“一刀切”。

五、坚持标准，严格验收。建立村级财富积累机制能不能取得预期成效，关键是工作过程的各个环节是不是真正按标准操作。为此，市委、市政府对各个环节制定了检查验收标准。在各项工作完成后，市、县组织联合验收组，到县、乡、村进行检查验收。到每个村验收，要亲自查看：集体资产管理领导小组是否健全，管理方案是否经过民主讨论，资产台账是否齐全，使用合同是否完善，费用收缴是否到位，使用是否合理。不仅要查看账目档案，而且要广泛听取村民意见。验收不合格的重新补课。

石家庄市的实践说明，只要像他们这样抓，在一个地区用三年左右时间，是可以把村级财富积累机制普遍建立起来的。这对于增强村级组织的功能，推动农村经济发展、民主政治建设和社会稳定和谐，将是一项重要的基础工作。因此，**建议中央、国务院有关部门对石家庄市的做法和经验进一步调查总结。可以考虑在石家庄召开一次现场经验交流会，请各省、市、区有关负责同志参加，分别进行试点，争取三五年内在全国多数农村完成这项工作。**

中国小康研究会
2011 年

附录六

取消农业税费后，村级组织如何运转，

农村公益事业如何发展？

石家庄盘活村级财富为民办实事

（《人民日报》2007 年 7 月 8 日）

记者　王方杰

宽阔的水泥马路，整洁的院落。在河北省石家庄市正定县西平乐乡东安丰村文体中心，每天都少不了村民们在各种健身器材上锻炼身体。村党支书李文敏很自豪：“取消农业税费后，村集体硬化村街道路、购置健身器材、安装路灯和有线电视网络，加起来花了 10 多万元，没让群众拿一分钱。这一切多亏了村级财富积累机制。”从 2005 年 4 月起，石家庄市从规范村集体资产管理入手，在全市农村建立农村集体财富积累机制，使村级组织运转和各项公益事业的发展呈现出勃勃生机。

今年一季度统计，全市 18 个农业县（市、区）4 351 个村中，已有 3 539 个村建立了村级财富积累机制，已收取集体资产有偿使用费 3.13 亿元，村集体每年新增收入 7 948 万元，村均 7.18 万元。在一年多时间里，全市农村清收历年各类承包费积欠 1 920 万元，化解村级债务 1 662 万元。村级财富积累机制，不仅摸清了村集体资产的底数，增加了村集体收入，保证了村级组织运转所需经费，同时还解决了多年因村集体资产不清、使用不公造成的干群矛盾。

据调查，取消农业税后，全市近91%的村组织，普遍存在运转经费困难问题。但所有农村或多或少都有责任田以外的机动地、果园、工商企业占地等集体资产。不过，这些资产大多为少数村民低价承包或无偿占用。

怎样盘活村集体资产，从而为村级组织运转和发展公益事业提供经费保障？石家庄市按照"谁所有、谁收益，谁使用、谁交费"的原则，先在村、乡、县建立村级财富积累机制工作试点，2006年8月推广到全市所有农业县、市、区。

"这个机制的核心，是每一步决策都公开透明，让全体村民参与管理，先核清村集体的家底，然后由村民确定租赁、使用村集体资产的收费标准，确保集体资产的公平使用和保值增值。"河北省委常委、石家庄市委书记吴显国说，为了做好这项工作，石家庄市委、市政府连续三年将其列为年度重点任务，制定完善了村级资产有偿使用和管理、保值增值等多项配套制度，全力推进。

"过去，谁想承包村里的地，暗地里找村干部拎两瓶酒、塞两包烟，嘀咕个价儿就算成了。现在，必须得经村党员代表、村民代表座谈和全体村民大会讨论、表决，公开竞标，公平多了。"在这种新机制下，东安丰村的集体资产承包租赁费每年增加8.2万元。

附录七

取消农业税费后，村级组织如何运转，村里的公益事业怎么办？石家庄试点探索建立村级财富积累机制——

村里有钱给大伙办事了

（《人民日报》2007年7月22日）

记者　王方杰

难　点

取消农业税，村里日子怎么过？村支书说，以后靠什么给村里办事？群众还听咱的不？

过了晌午，酷暑稍稍消减了几分。在石家庄市正定县西平乐乡东安丰村文体中心里，几位年老的村民开始在各种健身器材上锻炼身体。村支书李文敏乐呵呵地说："取消农业税后，村集体硬化村街道路、购置健身器材、安装路灯和有线电视网络，加起来花了10多万元，没让群众拿一分钱。"

李文敏将这些变化归功于村级财富积累机制。这一机制使该村的集体收入由3.5万元跃至11.7万元，他说："过去，村里的路全是烂泥窝，汽车开不进来。垃圾遍地，苍蝇乱飞。"

"两年前，一听说要取消农业税，俺的脑袋'嗡'的一声就大了，村里的收入一下没了，往后的日子怎么过？"李文敏对当时的"恐慌"至今记忆犹新："以后靠什么给村里办事？群众还听咱的不？"

这不是李文敏一个人的困惑和担忧。据石家庄市在2005年的调查，一个普通村子，每年需要10万～12万元的办公经费和基本的公益事业开支。取消农业税后，每个村的财政转移支付平均只有2.5万元。全市4 450个行政村，当时集体收入一年在11万元以上的只有403个，且主要集中在城区，其余近91%的村组织，普遍存在着运转经费困难的问题。单纯依赖上级政府的财政转移支付肯定不是办法。

与此同时，石家庄市还在调研中发现，全市大部分村都有这种情况。一方面，是村里的集体资产被个人占用；一方面是村里的公益事业无法延续。怎样管理好农村的集体资产、建立起村级财富积累机制，从而为村级组织正常运转和新农村建设提供资金保障？石家庄市委、市政府意识到，这将是新农村建设过程中不可回避的问题。

经过深入调研，2005年4月，河北省委常委、石家庄市委书记吴显国提出，要按照“谁所有、谁收益，谁使用、谁交费”的原则，积极探索建立村级财富积累机制。当年6月，石家庄市农工委在正定县选择了一个最普通的村子——东安丰村，开始试点。

试　点

东安丰村试点的标本意义“谁占用公家的资产，谁就应该交费。”试点方案一出台，就得到了大多数人的认可

东安丰村是石家庄市的第一个试点。从2005年4月起，石家庄市以规范村集体资产管理为切入点，以保障农民合法权益为核心，以保证村级组织运转、发展公益事业为目标，在全市农村建立了农村集体财富积累机制，使村级组织运转和各项公益

事业的发展呈现出生机与活力。

东安丰村有 2 600 多人，除责任田外，村集体还有机动地、果园、工商企业占地 318 亩，这些土地却被 125 户村民无偿或低价占用着。他们一年收入几万元甚至几十万元，但一年仅上交村集体 3.5 万元，村里的土地资产亩均收益每年只有可怜的 110 元！

这显然是不合理的，也引起了大多数人的不满。村民边庆山说："不到全村 20%的人占了便宜却没人管，其余 80%的人眼睁睁地看着却没办法，那还不上访告状?!"

占地少的人心里也不平衡。边振山是养貂大户，每年收入二三十万元。他家占用了村里 2.9 亩地，从 1996 年到 2005 年 7 月却一直没交承包费。他的理由是："有人承包几十亩果园不交费，村里拿钱办企业，厂也没建，钱也没了，这些事没人管，干吗老惦记我们这几亩地的承包费呢?"

西平乐乡党委书记李政醌也向记者介绍："如果集体资产不占白不占，当然谁都想占。前几年，因为对村集体资产处置不公，曾导致东安丰村两委班子瘫痪，村里两年没有收上农业税，村民多次上访，有一年省、市、县纪委都派了人来检查。"

"谁占用公家的资产，谁就应该交费。"规范村集体资产管理的试点方案一出台，就得到了大多数人的认可。

"究竟哪些项目该收费、该收多少费、咋收费？每个会上大家都是七嘴八舌。多少年了，没见过那样的热乎劲儿。"李文敏回忆说。试点工作小组，连续召开 10 多次村党员座谈会、村民代表座谈会、村民大会，反复讨论和完善试点方案。

经过与占用集体资产的农户充分协商并经村民大会讨论，

最后达成共识:凡占用村集体资产的,都应该交费。至于收费标准,一律公开竞价。2005 年 8 月,经过公开竞价,村里的 318 亩土地,每年有偿使用费达到 11.7 万元,比往年新增 8.2 万元,还偿还了 40 多户村民 2.1 万元的旧账。

焦 点

收取村集体资产使用费,合理合法吗?向少数占有和使用集体资产的人收费,公开透明,合理合法

“东安丰村是典型的平原村庄,在石家庄地区具有相当的代表性,试点成功后,我们的心里一下就踏实了。”从 2005 年起,石家庄市连续三年将建立村级财富积累机制列为年度重点任务,全力推进。

起初,曾有人担心:“取消了农业税,这种收费算不算乱收费?算不算增加农民负担?会不会引起农民上访和社会不稳定?”

实践的检验,加上多次向国家有关政策部门咨询请教,使石家庄市委、市政府的态度越来越坚定:“这不是乱收费,更不是增加农民负担。”因为收费不是面向所有村民摊派,而是向少数占有和使用集体资产的个人收取,合理合法。

同时,石家庄还制定完善了《村级集体资产有偿使用纳费公示制度》、《村级财务预算执行情况报告制度》等规定,确保村级资产的使用和管理公开透明和保值增值,确保村级资产全部用于本村的公益事业和村级组织运转。

2005 年底,西平乐乡完成了试点工作。全乡 10 个村的集体收入由 44.7 万元增加到了 97.4 万元,增长了 1.2 倍。2006

年上半年，试点范围扩大到正定县。当年5月底，全县173个试点村共收取集体资产有偿使用费4 621万元，村均年增收入7.6万元。同年8月，试点扩大到石家庄市城区之外的18个农村县(市、区)。

截至今年3月底，全市4 351个村中已有3 539个村建立了村级财富积累机制，共收取集体资产有偿使用费3.125 8亿元，村集体每年新增收入7 948万元，村均增加7.18万元。

影　响

村级财富积累机制，引发多重效应

村集体收入增加了，干群关系大为改善

村级财富积累机制，不仅增加了村集体收入，也解决了多年来承包费拖欠问题，一年多来，共清收各类承包费积欠1 920万元，化解村级债务1 662万元。

“这个机制的核心，是每一步决策都公开透明，让全体村民参与管理，先核清村集体的家底，然后由村民确定租赁、使用村集体资产的收费标准，不仅能确保集体资产的公平使用和保值增值，而且解决了多年因村集体资产不清、使用不公造成的干群矛盾。”吴显国说，这基本实现了市委、市政府当初的设想。

“过去，谁想承包村里的地，暗地里找村干部拎两瓶酒，嘀咕个价儿就算成了。现在，必须得经村党员代表、村民代表座谈和全体村民大会讨论、表决，公开竞标，公平多了。”栾城县南屯村200亩机动地原来一直收不上承包费。这次重新竞价承包，每亩承包费抬高到了400元。当晚，中标户就把3年的承包费20多万元一次交到村里。

藁城市兴安镇苍德村的沙荒地以前从未好好丈量过，谁想承包，找村干部议个价就成了。这回找卫星定位仪一测量，结果账上登记的494亩沙荒地，原来竟有1 060亩。有了这笔“意外之财”，村里修建了村民活动广场，成立了70多人的秧歌队。

“啥事只要公平了，人心气儿就顺了。”东安丰村的边振山承包村里2.9亩地，过去不交钱还有意见，现在每年上交800多元，还心甘情愿地为大伙办事。他是村里的养貂大户，村里成立养貂协会，他自告奋勇出任会长，组织购买优良品种，开展技术指导和貂皮销售服务。如今，全村养殖户发展到160多户，每年户均收入5万元以上。村里的干群关系大为改善，这两年，东安丰村连续成为石家庄市的先进村。

点　评

这个办法好

中国农业大学经济管理学院教授、农村金融与投资研究中心主任何广文说，取消农业税之后必须加大对集体资产的管理力度，要对那些被非法占用、没有发挥作用的集体资产进行合理监管。“村级财富积累机制”这个方法好，这样就可以通过竞价的方式合理承包村里的集体资产。

附录八

“村里有钱给大伙儿办事了”

——石家庄探索建立村级财富积累机制

（《农民日报》2007 年 7 月 27 日）

作者：李俊奇　李东顺

新修通了村南北大街，建起了村民活动中心，又引导村民搞起了特养协会……这两年，河北省石家庄市正定县西平乐乡东安丰村的村干部们可真是忙，新农村建设搞得红红火火，而这都是因为石家庄市首先在这个村搞了以村级资产合理有偿使用为核心的村级财富积累机制试点，才让他们越忙越有劲头。

后农业税时代，农村集体缺经费

2004 年以后，随着农业税减免，农村集体的经费从哪里来成了农村干部最发愁的问题，也是各级党委政府最为关心的问题。石家庄市对全市农村集体财务收支进行调查摸底时了解到，在一个中等行政村，村两委干部至少也要四五个人，按每人年均误工补贴 5 000 元计算，就需要 2 万元～2.5 万元；村两委办公用纸笔、电话费、照明费等经费支出每年也需要 1 万多元；村里清扫卫生、路灯耗电又得几千元，过年过节搞个文艺活动，年底贫困户救助，村里道路修补、机井维护等，每年没有 10 万元～12 万元就没法正常运转。

在税费改革前，这项支出主要由村提留解决；税费改革后，主要靠农业税附加解决。经费的来源一个是从中央到地方的财政投入,另一个就是通过发展村集体经济。前者,由于财力有限,近期对农村的投入远不能满足需要,壮大集体经济才是根本出路。2005 年 4 月,石家庄市委提出了“积极研究探索农村财富积累机制”的思路,并把这项工作列为 2005 年市委、市政府 33 项重点工作之一。

经过细致的调研,他们找到了问题的突破口——自实行家庭联产承包责任制以后,虽然农村的大部分土地都已分包到户,但大部分村里还留有机动地,有的还有集体果园、农用机械等资产。但这些资产不是以很低的价格分包给了个人,就是被少数人无偿使用。如果通过合理有偿使用使这部分资产保值增值,就能实现村级财富积累。

试点:从正定县东安丰村启动

正定县西平乐乡东安丰村是一个 2 655 人,653 户的中等平原村,当时村集体年收入 3.5 万元,有 125 户占用责任田以外的村集体资产。2005 年 7 月底,一个由石家庄市委农工委、正定县委农工委、西平乐乡农经站有关人员组成的工作小组正式进驻东安丰村,指导试点工作。工作小组的工作是从使用村集体机动地等资产的清查、收费开始的。

村级公共资产资源是财富来源的根本基础,科学合理界定村级公共资产资源,直接关系到集体收入的多少。因此,试点第一步就是清查资产。

“光丈量土地就搞了 10 来天,村干部、会计、群众代表、占地户全都到场,公平公正。量完以后,当场就签字按手印。”村民边振山是村里的养貂大户,他家养殖场占着村里 3 亩多地。回想起村里核查资产时的认真劲儿，现在他还很激动。

最后家底查清了，村里除已分给村民的 3 100 亩责任田以外，村集体还有机动地 149 亩，果园 58 亩，工商企业占地 111 亩，变压器 8 台。接下来，是确定收费项目、制定收费标准，哪些该收、哪些不该收、收多少合适，全由村民代表大会说了算。

2005 年 8 月 14 日，东安丰村召开村民代表大会，讨论通过了《关于东安丰村盘活集体资产摸底讨论稿》，确定了果园、养殖占地、工商企业占地、机动地承包、水费、个体诊所、商铺、废旧厂房占地等 8 个收费项目，并确定了收费标准，养殖占用村机动地每年每亩 380 元；个体诊所每月 60 元，商铺大的每月 100 元，小的每月 50 元；机动地以每年每亩 100 元起价实行竞价承包；果园占地每年每亩 380 元；工商企业占地每年每亩 600 元；废旧厂房占地据实竞价承包，自来水设备维护费每人每年 12 元。

经过在村里公示，村民们对这些收费项目、标准都没有异议以后，村委会与占地户签订了资产使用合同，并请乡农经站对合同进行了见证。随后，按合同向应缴费户分别发出了《限期缴费通知单》。

“咱老百姓除了割肉疼就是拿钱疼，可是村里定的规矩公平合理，咱没有理由不交。”村民边振山第一个交了钱，随后是李书志、边青军……到 8 月底，圆满完成试点工作，共收回集体资产有偿使用费 11.07 万元，比往年增收 8.2 万元，规范合同 110 份，涉及合同金额 8.4 万元。

“收费合理俺们没意见，可就怕钱收上来以后让村干部给胡花了。”钱怎么使用又成了村民们最关心的问题。

“所有收入都交由乡财经站代管，怎么花，让村民们来决定，每一笔开支都要明明白白。”村支书李文敏说：“现在村里干什么事都是一事一议，特别是村财务支出，不仅要有村支书、村主任签字，还得经过村民理财小组审核盖章，才能到财经站报销。所有收支账目都在村务公开栏张榜公布。”

扩大试点：制度一步步规范

2005 年 9 月，石家庄市按照积极稳妥的原则，将试点扩大到整个西平乐乡。

西平乐乡党委书记李政琨告诉记者，在市、县农工委的指导下，他们制定完善了《村级集体资产有偿使用纳费公示制度》、《村级财务预算执行情况报告制度》、《村级集体资产承包租赁合同管理制度》、《村级集体资产使用决策制度》和《村级集体资产民主管理制度》等 5 项制度，使村级集体资产有偿使用步入规范化、制度化的轨道。

在运作程序上统一了七个步骤：一是统一思想认识，成立专门机构；二是盘点核定村级集体资产，建立分类台账；三是确定资产有偿使用标准；四是广泛征求意见，民主表决通过有偿使用方案；五是对纳费户及纳费数额进行公示，接受群众监督；六是建立相关制度，规范支出范围；七是建立村级服务组织，确保有偿使用资金用在公益事业上。这些制度、程序的制定，为以后在全县、全市推广积累提供了参考依据。

西平乐乡通过推行村级集体资产有偿使用，到 2005 年底，全乡 10 个村集体收入达到了 101.85 万元，比实行有偿使用前增加了 57.2 万元，村均增收 5.7 万元，效果十分显著。

2006年上半年，试点工作扩大到了正定县全县，5月底完成全县173个村试点，收取有偿使用费4 621.58万元，村均26.7万元，村均增收7.6万元。

推广：惊喜一个紧接着一个

2006年8月，石家庄市开始把试点扩大到了其他17个农村县（市）区。市里下发了《关于规范村级集体资产管理建立村级财富积累机制的指导意见（试行）》。10月31日，在正定县召开现场会，要求2006年底前全市50%以上的村要建立这一机制，2007年上半年在全市建立这一制度，这项工作开始向全市农村推行。

在公开民主的大环境下，有的村在清查资产时一举解决了多年承包拖欠问题；有的村经过资产清查，资产一下子翻了番。仅在栾城县就有十几个村由经济落后村变成了好村。像该县南屯村，200亩机动地原来一直收不上承包费，这次重新竞价承包，每亩年承包费抬到了400元，当天晚上，中标户就把3年的承包费20多万元一次缴到了村里；窦妪镇赵庄村有500亩果园，原以低价承包给了个人还常收不齐承包费，这次收回重新发包，通过公开竞价，一次增收了十几万元。

在推广过程中，藁城市在村财乡代管的基础上，又推行了村合同乡代管，进一步强化了农村财务民主监督；晋州市等对每个村的资产全部进行清查后，按村划出了资产分布图，将村级土地资产一一编号，让村里有了一本明白账。

事实证明，村级集体资产被少数人挤占，是导致集体经济困难、无力兴办公益事业、群众心气不顺等社会矛盾的一个重要因素。让群众通过这次规范村级集体资产管理建立积累机制，享有村级集体资产的处置权，不仅体现了村民自治精神，而且也较好地解决了农村集体资产使用不公问题，进而促进了农村社会公平公正。一些村还解决了多年的债务。采用诸如利用村内闲地、机动地、废旧厂房出租的方法抵顶债务，有的还采用将村内路边绿化树苗的所有权拍卖给农户等方法化解了债务。

截至今年5月底，石家庄市4 351个行政村中已有3 539个村建立起村级财富积累机制，占81.33%。清理规范农村各业承包合同74 077份；应收取村级集体资产有偿使用费33 379万元，村均9.43万元，已收取31 258万元，村均7.18万元，其中，清收历年各类承包费旧欠1 920万元；抵顶化解村级债务1 662万元，涉及农户2万户。

附录九

壮大村级集体经济重在创新

(《经济日报》2012年8月9日)

记者　孙世芳　乔金亮

农村实行家庭联产承包责任制后,多数农村集体经济薄弱,村级集体经济组织发展滞后,既不利于村级经济的发展,也不利于基层的稳定。不断壮大农村集体经济实力,实现农村集体资产保值增值,提高农村集体经济在全面建设小康社会中的作用,是农村发展迫切需要破解的一个难题。

河北石家庄市建立村级财富积累机制,建立健全村级集体经济组织,探索成立村级资产管理公司,并进行股份制改革。目前,石家庄村级集体经济的实现形式正在由传统的承包租赁经营走向公司经营、多元化发展,农村集体资产经营管理体制和发展方式也发生了重大转变。

规范合同　资产使用有章可循

"集体机动地总是少数人用着却不交承包费,不公平"、"承包价多是村干部说了算,咋包的别人不太清楚",这样的议论以前在石家庄农村十分普遍,农村集体资产管理混乱、使用不透明成为农民关注焦点。

农村集体的资产是全体村民的,村里有多少资产首先得让村民知道。基于这样的认识,石家庄市建立村级集体财富积累机制的第一步就是清产核资建立台账。

正定县塔元庄村党支部书记尹小平告诉记者，他们成立了由村干部、党员代表、村民代表等组成的领导小组，对村集体资产清理、盘点、登记造册，并张榜公布，接受群众监督。在塔元庄村村委会办公室，记者看到一本本以年度为单位的集体资产台账，从一眼机井、一台变压器，到大型农机、闲置厂房等，一项项历历在目。为了核准沙荒地面积，他们还请来县国土局的专业人员用 GPS 卫星定位技术丈量。

摸清家底之后，正定县规定每年对资产增减情况进行一次账面调整，不但有总账，还有明细账，村里保管 1 份，乡镇也保存 1 份。

通过建立集体资产台账，石家庄对全市农村的集体资产进行了一次彻底清理，使多年来游离于统计之外的、被少数人无偿或低偿占用的集体资产重新纳入集体管理轨道，有效避免了村级集体资产流失。

2010 年，农业部在石家庄市召开农村集体"三资"管理会议，要求把摸清农村集体"三资"家底、在全国范围内对农村集体清产核资，作为深化农村集体产权改革的前提。会议要求各省的清产核资工作要在 3 年内完成。

集体资产是全体村民的，怎么使用得由村民说了算。在摸清资产底数、建立台账的基础上，石家庄农村将责任田以外的机动地、沙荒地、果园、农业机械、工商企业占地等集体资产使用决策权收归村集体，通过民主决策，制定有偿使用方案，并公开有偿使用项目和标准，接受群众监督。

综合各村经济状况和群众承受能力，石家庄对农村集体资产的使用分为3种方式:对机动地、沙荒地、厂房设备、门市店铺等资产进行竞包;对工商企业占地、村内空闲地按规定实行定额租赁;对直接为农民生产服务的农机具、生活供水设施等资产按照正常运转所需资金收取费用。

"按照民主程序,让农民享有集体资产的处置权,杜绝了少数人说了算的现象。"辛集市农工委副书记赵丙毅颇有感触,通过引入市场化方式,理顺了集体资产所有者与使用者之间的权益关系,规范了农村集体资产管理,把原来闲置或无偿使用的资产有效利用起来。

44岁的辛集市新垒头村村民张新崇承包了村里的270亩果园,种植梨树,解决了20多人的就业,亩均纯收入超千元。按照合同,张新崇每年支付给村集体每亩200元的承包费。费用一年一交,拖欠集体承包费的情况再也不见了。

全程公开是法宝。石家庄市农工委常务副书记王武德说:"农村集体资产项目公开,让群众明白村里的家底;有偿使用方案公开,对各承包户占用集体资产的数量、应交纳费用列出明细,张榜公示;收支情况公开,收了多少支出多少,一律上墙。"

新垒头村将村集体资产的承包合同和财务情况等整理汇总,打印发放到各户手中。村民贾造安说,谁家占用多少村集体资产,交了多少钱,大家明明白白。

民主理财 分享发展成果

通过清收拖欠承包费、调整和完善不合理合同、对发包资产引入竞争机制,石家庄市村级集体经营性收入大幅增加。据统计,全市村级集体经营性收入从2005年的2.35亿元增加到

2011年的8.8亿元。

农村集体资产管理规范化之后,集体资产的收益用到何处?石家庄市明确规定,农村集体资产所获取的收益要用于农村公益事业开支,不能用于村干部的工资。

石家庄市从全市范围内建立和完善开支审批、合同管理、资产发包招标、财务公开等16项管理制度,使集体资产收益管理逐步规范化。在实践中,一些村建成了村民议事平台,健全了"四议两公开双监督制度"。开支要经过村党支部提议、村两委商议、村民代表会决议、党员会议审议,同时决议事项公开、实施结果公开,并接受村民监督委员会和乡镇包村干部监督。

"从流程上,所有收入都由乡镇农经站代管,村里的收入怎么花,须经村民代表会通过,让村民来决定。"塔元庄村委会主任赵桂林介绍说,"每一笔财务支出,要经村民理财小组审核盖章后,才能到农经站报销,所有账目要在村务公开栏公布。"

在塔元庄村,平整笔直的街道均已完成绿化,大部分村民已入住村北的一栋栋8层带电梯的新民居。步入一户人家,49岁的户主姚玉珠说,"新民居的取暖费、生活用水费、有线电视费、物业费全部由村集体承担。这些开支一年就得接近100万元。每年,村里还组织每户的一名代表去外地参观。"

"规范村集体资产管理,集体才有实力为农民提供更多福利。"辛集市新垒头村党支部书记李跃升说,"以前村里收入少,支付全村老人退休金、农业保险和垃圾清运等费用之后,所剩无几。如今村集体固定资产达到8400万元,年收入276万元。"

建立经济合作社 增强发展能力

上世纪八九十年代,石家庄一部分农村筹资举办了一些工业项目。由于种种原因，不少村办企业不是效益不佳就是瘫痪或改制，有的甚至留下沉重的债务，使得不少农村公益事业发展困难。村级集体经济组织在很多农村处于边缘化的境地。

石家庄市农工委农村改革处处长刘彦勇告诉记者，据测算，农村集体经济组织正常运转平均每年需10万元至12万元。2006年取消农业税后，村集体经费主要靠转移支付，全市农村集体平均收入从7.3万元降到2.8万元。如何壮大农村集体经济组织的实力成为一个课题。

2007年起，石家庄市积极引导人口在800人以上或有一定存量资产的农村建立健全集体经济组织，条件成熟的组建公司制经营实体，进一步深化村级财富积累机制。目前，石家庄99%的农村已恢复和建立了村级集体经济组织。

然而，目前村级集体经济组织无法取得工商注册，也没有资格获得银行贷款。专家指出，当前制约农村集体经济组织发展的因素之一是其有法律地位而无法人地位，无法取得合法营业资格和组织机构代码，这阻碍了其参与市场竞争。

为解决村级集体经济组织进入市场的法人资格问题，石家庄采取了经济合作社的形式，实现了集体资产所有权和经营权的分离，增强了村集体自我发展的能力。

农村经济合作社依法代表全体社员行使集体资产所有权，经营管理村集体所有的资产，设立社员大会、社员代表会议、社委会及监事会。全体村民为社员，对集体资产经营管理活动进行监督，提出意见和建议，享有集体资产的产权，依法获得经营收益。

恢复和建立集体经济组织后，该市围绕“资产经营、资源开发、资本运作、产业服务”推动经济合作社走公司经营、股份制及多元发展的模式。部分村级集体经济组织利用优质资产采取独资、控股、参股等办法注册公司制实体开展经营活动，参与市场竞争。

农村集体经济组织通过组建公司实体，建起了能够融资的平台。与以往集体企业的不同之处在于，这些公司是按照市场机制和现代企业制度要求组建的。

辛集市新垒头村村委会以村集体控股，吸收其他股份参与经营的方式创办德丰工贸、奥丰果品、农机服务公司等 5 家公司。奥丰果品、农机服务公司前身均为集体企业摊点，原来是个人承包经营，向集体缴纳承包金。转制后，5 家公司控股权都在村经济合作社，董事长由合作社选派，经理由合作人担任，每家公司的会计、出纳二者之一由村委会选派。

新垒头村党支部书记李跃升介绍说，每年初，公司董事长、经理都要在村全体党员会和村民代表会上对经济责任任务目标进行公开承诺，两年内完不成经济责任任务目标的，公司经理将被免职。据悉，目前公司运营的效果令人满意，比如，奥丰果品公司转制前，年上交承包金 16 万元，转制后，当年集体纯收入 26 万元，增收 10 万元。

在经济合作社的基础上，正定县开始了新的探索，在条件成熟的 11 个村，组建农村集体资产管理有限公司，作为独立法人，利用外部资金迅速扩张集体资产总量，为集体经济壮大奠定基础。资产管理公司将各方对农村的补贴、拨款等全部纳入公司的账户管理，经营管理本村集体所有的资源性资产、经营性资产，利用资产抵押和收益权质押贷款培育村级新的集体经济增长点。

塔元庄村集体资产管理有限公司利用滹沱河综合整治的有利时机，经全体股东协商，选取了适合本村的发展项目，建设了2600亩滹沱河绿化带，每年享受政府补贴100多万元。同时利用邻近小商品市场的地理优势，开发门市出租，每年仅此一项就增加村集体收入近30万元。

采访中，多位村办公司负责人表示，考虑到在资金、技术、管理等方面缺乏优势，他们不会盲目上马集体工业项目，而会因地制宜选择发展特色产业。

探索股份合作　创新产权制度

村集体没有收入，群众埋怨你；村集体有了收入，群众关注你。”村干部的顺口溜反映出合理分配集体收益、规范集体资金用向的重要性。在资金用向上，石家庄市明确要求村级财富积累收益只能用于村内公益事业、基础设施建设和扩大再生产。收益分配机制上，在石家庄的一些农村，经济合作社的股份制改革颇有成效，已有约一半城中村建立起了股份经济合作社。

孙村是位于石家庄裕华区的一个城中村。在城中村社区股份制改革中，该村将所有集体生产经营性净资产以评估结果为基数，折股配置给具有股东资格的65个村民，由他们代表全体村民共同持股，依法成立了股份经济合作社。孙村通过配股确权到人，明确了村民在村集体资产中拥有的股份。

目前在我国农村，像孙村这样进行股份制改革的还是少数。专家指出，以“归属清晰、权责明确、运行规范、管理高效”为原则的社区股份合作，可以作为理顺村级集体经济组织产权关系和分配关系的一个有益探索。

集体资产积累到一定规模后,必须很好地兼顾积累与发展的关系,既要考虑集体经济的扩大再生产,寻找长远的经济项目,也要投入资金为村民办实事,办好养老、医疗、基础设施等各项农村福利事业,使村民切身感受到发展集体经济的好处。

在新垒头村,全村所有在册人口,每人每年领取福利费100元;村里年满65周岁以上的村民,每月领取退休金20元;村民农机作业,只需支付市场价的一半费用。据了解,2006年该村集体收入总共67万元,却欠银行300多万元。实施村级财富积累以后,连续3年村集体收入超过150万元,去年达到276万元。

石家庄建立村级财富积累机制对于农村集体资产保值增值、理顺农村新型经济关系具有重要作用,壮大了农村集体经济实力,增强了农村干部群众的市场观念,促进了农村社会和谐发展。

跋

本书作者王武德是我多年了解、认知的年轻人，农村工作战线上忘年交的朋友。我们经常一起探讨农业、农村和农民问题。

武德长期从事农村工作。这位农家子弟出身的领导干部，与农民群众有着难以割舍的情感，为农业和农村发展倾注了极大的热忱和心血，勇于创新，不吝实践。正是这种求新、求变，扎实干事的性格和作风，成就了他很多创新成果，创建村级财富积累机制就是其中之一。

20 世纪 80 年代，开启了中国农村波澜壮阔的改革实践，农村经济社会发生了翻天覆地的变化，取得了举世瞩目的巨大成就。然而，任何改革举措都是社会发展的产物。毫无例外，当中国的农村改革一步步迈向“深水区”时，那些被快速发展所掩盖的深层次矛盾和问题逐步显现，并越来越多地成为障碍农村社会发展的重要因素。像农村“统分结合”双层经营体制这样的重大原则问题，在广大农村出现“死角”，“分”之有余，“统”之不足。集体资产管理的缺失和不规范，造成了农村集体经济的弱化，甚至消失。税费改革取消农业税后，村级组织运转困难，公益事业发展经费严重不足等问题的暴露，给我们敲响了警钟。

当市场经济的大潮涌来，特别是随着国际经济一体化进程的加快，失去了集体经济护佑的农民个体，就如一叶扁舟，在市场经济的大海中随风飘摇。完善统分结合双层经营体制，规范管理农村集体资产，发展壮大集体经济，成为深化农村改革必然要迈出的重要一步。以规范村级集体资产管理，健全集体经济组织，发展壮大集体经济，完善统分结合双层经营体制为主要内容的村级财富积累机制应运而生。

石家庄创建村级财富积累机制，探索了7年，实践了7年。建制7年来，农村集体资产逐步走向规范，农村集体经济快速恢复和发展，农民生活幸福满意度大幅提高。全市农村规范了各业承包合同，建立了完善的集体资产管理制度，完成了集体经济组织的组建，为群众办成了个体难以干成的大事、好事，发展了基层民主，融洽了干群关系，构建了和谐社会，巩固了党在农村的执政地位。

《创建村级财富积累机制探索与实践》的问世，是一件值得庆贺之事。作者来源于生活，创新于实践，给人以启迪，成就以智慧。感谢作者，感谢创建财富积累机制的实践者们。是他们打开了我们观察农村、深化改革创新的视角，让我们看到了希望，看到了农村的前程和未来。

（原石家庄地区行政公署副专员

原石家庄市人民政府巡视员）

2012年7月